प्रारम्भिक कम्प्यूटर शिक्षा

भाग-1

राम बंसल 'विज्ञाचार्य'
बी.एस-सी., बी.ई. रुड़की
परामर्शी अभियन्ता

वाणी प्रकाशन
21-ए, दरियागंज, नयी दिल्ली-110002
फोन : 011-23273167, 23275710, 41562622
फैक्स : 011-23275710
e-mail : vani_prakashan@yahoo.com
vaniprakashan@gmail.com
website : vaniprakashan.com

वाणी प्रकाशन का लोगो
विख्यात चित्रकार मकबूल फिदा हुसेन
की कूची से

ISBN 81-8143-658-X

वाणी प्रकाशन
21-ए, दरियागंज, नयी दिल्ली-110002
द्वारा प्रकाशित

प्रथम संस्करण : 2000
द्वितीय संस्करण : 2007

मूल्य : 100.00

शब्द-संयोजन एवं शब्द-संशोधन : लेखक

ललित ऑफसेट, दिल्ली-110032
द्वारा मुद्रित

PRARAMBIK COMPUTER SHIKSHA (Part-1)
by Ram Bansal 'Vigyacharya'

प्राक्कथन

कभी सोने की चिड़िया कहलाने वाला भारत बर्बर तानाशाहों एवं लुटेरों के शोषण तथा कुसंस्कृति के अभिरोपण से विश्व के निर्धनतम देशों में गिना जाने लगा है। स्वतंत्रता के 50 वर्ष के पश्चात् भी देश में अभाग्रस्त एवं निरक्षर व्यक्तियो की संख्या में कोई कमी नहीं आई है। विकास का अर्थ कुछ लोगों का सुविधासम्पन्न होकर शोषक की श्रेणी में आ जाना मात्र हो गया है। इन शोषकों में मुख्यत: भृष्ट राजनेता तथा तानाशाह प्रशासक एवं उनके वंशज ही हैं जो बर्बर तानाशाहों एवं लुटेरों से भी अधिक त्रासद है। इनकी रणनीति का एकमात्र लक्ष्य जनसामान्य को अविनिदेशत अथवा कुविनिदेशत बनाकर उन पर अपने शासन को बनाये रखना है। जनजागृति सुशिक्षा से ही संभव है जिसमें शासकों की कोई रूचि नहीं है।

सुशिक्षा के तीन महत्वपूर्ण पक्ष हैं – यह बालबुद्धि के लिये सुगम हो, यह सर्वसुलभ हो, तथा यह जीने की कला हेतु उपयोगी हो। भारत में वर्तमान शासकों के सरंक्षण में अंग्रेजी का स्थानीय भाषाओं पर निरन्तर प्रहार हो रहा है जिससे यह सुगम नहीं रह गई है। शिक्षा का वृहत्तर स्तर पर व्यवसायीकरण किया जा रहा है जो इसे जनसामान्य की पहुँच के बाहर करता जा रहा है। राजकीय कर्मी बनने की बढ़ती लालसा ने शिक्षा का अन्तिम लक्ष्य उपाधि गृहण कर राजकीय सेवा में प्रवेश पाना बना दिया है। राजकीय सेवा के दो बड़े लाभ सबके समक्ष रहते हैं – अकर्मण्य रहते हुए भारी वेतन की प्राप्ति तथा भृष्टाचार द्वारा अतिरिक्त आय। इस लालसा ने जहाँ शिक्षा को अनुपयोगी बनाया है वहीं पूरे देश को अकर्मण्य एवं पंगु कर दिया है।

अभी तक देश में सभी बच्चों को प्राथमिक शिक्षा प्रदान करने के लिये पर्याप्त विद्यालय नहीं बन पाये हैं। राष्ट्र भाषा पिछड़े गँवारों की भाषा समझी जाने लगी है। कम्प्यूटरों के भारत में पदार्पण को 10 वर्ष से अधिक हो गये हैं। अभी तक किसी भी हिन्दी माध्यम स्कूल में कम्प्यूटरी शिक्षा का प्रावधान नहीं किया गया है और न ही कोई पाठ्यक्रम अथवा पाठ्य पुस्तक उपलब्ध है।

अब समय आ गया है कि प्रत्येक व्यक्ति स्वयं की एवं अपने आश्रितों की शिक्षा पर गंभीरता से विचार करें एवं अपने उपलब्ध साधनों से इसे सुशिक्षा की ओर मोड़ें। देश से अभावग्रस्ति निराकरण का यही एक मात्र उपाय है।

विज्ञाचार्य

अध्यापकों एवं क्षात्र-अभिभावकों के प्रति

प्रिय सज्जनो,

कम्प्यूटर उपयोग के दो पक्ष सर्वविदित हैं – प्रथम, मनुष्यों की आजीविका-हनन, तथा द्वितीय, मानव बुद्धि एवं कर्म का कुशाग्रण। इन दोनों पक्षों में से कौन सा किस व्यक्ति अथवा समाज पर लागू होता है यह व्यक्ति अथवा समाज के कम्प्यूटर विषयक ज्ञान पर निर्भर करता है। जिन्हें यह ज्ञान है, वे कम्प्यूटरों के अधिपति हैं तथा इनसे सम्बल प्राप्त करते हैं। जो इस ज्ञान से वंचित हैं, वे कम्प्यूटरों से त्रस्त हैं।

कम्प्यूटरों का विकास पाश्चात्य देशों में होने के कारण बहुल भारतीय मानस इन्हें विदेशी तत्त्व मानकर इनसे अछूता बना हुआ है। इसका प्रबल कारण भारतीय भाषाओं में कम्प्यूटर विषयक पुस्तकों का अभाव है। विद्यालयी शिक्षा में कम्प्यूटरी पाठ्यक्रमों का अपनाया जाना भी अँग्रेजी माध्यम विद्यालयों तक ही सीमित है। इसका कारण भी हिन्दी तथा अन्य भारतीय भाषाओं में कम्प्यूटर विषयक पुस्तकों का अभाव ही है।

कम्प्यूटर विज्ञान तथा विद्या एक अति वृहत् विषय है। अत: इनका क्रमगत अध्ययन एवं अध्यापन ही संभव है। भारत को विश्व समुदाय में अपना स्थान बनाने हेतु अपने प्रत्येक क्षात्र-क्षात्रा को कम्प्यूटरों के क्रमगत अध्यापन की व्यवस्था करना अपरिहार्य है किन्तु अभी तक इस दिशा में कोई सक्षम प्रयास नहीं हुए हैं।

नवाचार सदैव से साहसी व्यक्तियों हेतु आरक्षित क्षेत्र रहा है। जब वाणी प्रकाशन ने हिन्दी में कम्प्यूटर शिक्षा विषयक पुस्तकों के नवाचार का बीड़ा उठाया और इसमें मेरा सहयोग चाहा तो मेरा एक सपना मूर्त रूप लेने लगा। परिणामस्वरूप, कम्प्यूटरी शिक्षा के उच्च माध्यमिक पर्यन्त प्रथम पाँच चरणों की रूपरेखा तैयार हुई जिसमें कम्प्यूटरी ज्ञान के वे सभी अंग समाहित किये गये जो प्रशिक्षु को कम्प्यूटरों के अधिपति होने की ओर अग्रसरित कर सके। श्रृँखला को क्षात्रों के बौद्धिक स्तर एवं शिक्षा सत्रों में उपलब्ध समय के अनुसार किया गया है जिसका अन्तिम चरण केन्द्रीय माध्यमिक शिक्षा मण्डल के उच्च-माध्यमिक कम्प्यूटरी पाठ्यक्रम से कुछ उच्चीकृत है।

पूर्ण निष्ठायुक्त प्रयासों द्वारा निर्मित इस अभियोजना में विद्वान अध्यापकों एवं अभिभावकों के संशोधनपरक सुझाव सदैव स्वागतेय होंगे।

भवदीय

नव सहस्त्राब्दी प्रतीक्षा पल

शिविर अलवर

विज्ञाचार्य

क्षात्रों के प्रति

प्रिय कुसुमो,

पाश्चात्य संस्कृति से प्रदूषित एवं अभी तक मैकाले के मानसपुत्रों द्वारा प्रशासित इस भारतभूमि पर तुमने अपनी शिक्षा हेतु हिन्दी माध्यम को अपनाकर अपना, हिन्दी का, और इस राष्ट्र का गौरव बढ़ाया है। तुम्हें हिन्दी में ही समस्त विषयों की पुस्तकें प्राप्त करने का अधिकार है। इसके लिये हमारी पीढ़ी अपराधी है कि इसने तुम्हारे इस देय की समुचित व्यवस्था नहीं की।

हिन्दी भाषा में कम्प्यूटरी शिक्षा के अनिवार्य अंगों की यह प्रथम पुस्तकमाला तुम्हें समर्पित है। इसमें तुम्हें क्या कमियाँ प्रतीत हुईं, तुम्हारे सरल शब्दों के माध्यम से यह जानने को मैं सदैव उत्सुक रहूँगा।

हिन्दी भाषा अँग्रेजी की तुलना में अधिक सशक्त एवं सक्षम भाषा है – यह विश्वास रखो, और कदम-दर-कदम आगे बढ़ते जाओ।

शुभकामनाओं सहित,

तुम्हारा ही

विज्ञाचार्य

अध्ययन क्रम

अँग्रेज़ी-हिन्दी शब्द समतुल्य

Application	उपादयन	Intelligent	बुद्धिमान
Available	उपलब्ध	Internal	आंतरिक
Backspace	पश्चरिक्ति	Key	कुंजी
Basic	आधारभूत	Keyboard	कुंजीपटल
Binary	द्विअंकी	Language	भाषा
Bit	द्विंक	Magnetic	चुंबकीय
Booting	प्रवर्तन	Memory	स्मृति
Byte	अंकाष्ट	Microelectronics	सूक्ष्मवैद्युत्यिकी
Capital letters	ओद्य अक्षर	Monitor	प्रेक्षक
Central	केन्द्रीय	Operation	परिचारण
Character	चरित	Output	बहिर्गतन
Command	अधिदेश	Path	पथ
Compact	संपुट	Personal	वैयक्तिक
Computer	अनुकर	Processing	संस्कारण
Control	संयमन	Processor	संस्कारक
Data	आधर	Prompt	उद्योत
Device	उपचय	Resetting	पुनस्थायन
Digital	अंकीय	Retrieval	पुनराकृतन
Directory	निर्देशिका	Root	मूल
Disk	चकती	Saving	सुरक्षण
Drive	संचाली	Secondary	द्वितीयक
Enter	प्रवेश	Self-test	स्वपरीक्षण
Entry	प्रविष्टि	Setup	स्थापन
External	बाह्य	Shift	अंतरण
File	संचिका	Signal	प्रतीक
Filename	संचिकानाम	Small letters	उद्य अक्षर
File Extension	संचिका उपनाम	Software	परावस्तु
Fixed	स्थायी	Spacebar	रिक्तिपट्टिका
Floppy	अपनेयी	Storage	संगृहण
Flowchart	प्रवाहतूलचित्र	Subdirectory	उपनिर्देशिका
Hardware	यथावस्तु	Switch	संवर्त
Input	अंतर्गतन	Symbol	संकेत
Installation	संस्थापन	System	तन्त्र, प्रणाली, पद्यति
Instruction	विनिदेश	Tree	वृक्ष

Typing	टंकण
Unit	एकक, इकाई
User	उपयोक्ता
Word	शब्द
World	जगत

हिन्दी–अँग्रेजी शब्द समतुल्य

अंकीय	**Digital**	द्विअंकी पद्यति	**Binary System**
अधिदेश	**Command**	द्वितीयक संगृहण स्मृति	**Secondary Storage Memory**
अधिदेशिक संचिका	**Command File**	निर्देशिका	**Directory**
अन्तर्गतन	**Input**	संक्रिया	**Process**
अन्तर्गतन युक्ति	**Input Device**	प्रतीक	**Signal**
अन्तरण कुंजी	**Shift Key**	प्रवंतन	**Booting**
संपादयित्र	**Computer**	प्रवाहतूलचित्र	**Flowchart**
अपनेयी चकती	**Floppy Disk**	प्रविष्टि	**Entry**
वर्ण	**Letter**	प्रवेश	**Enter**
आधर	**Data**	प्रेक्षक	**Monitor**
आधारभूत	**Basic**	प्रौद्योगिकी	**Technology**
आन्तरिक कमाण्ड	**Internal Command**	पथ	**Path**
उपादयन	**Application**	पश्चरिक्ति	**Backspace**
उपनाम	**Extension**	परावस्तु	**Software**
उपनिदेशिका	**Subdirectory**	परिचारण प्रणाली	**Operating System**
उपयोक्ता प्रोग्राम	**User Program**	पुनराकृतन	**Retrieval**
उपलब्धि	**Availability**	पेटिका	**Casing**
ओद्यक कुंजी	**Capslock Key**	बहिर्गतन	**Output**
कुंजीपटल	**Keyboard**	बाह्य अधिदेश	**External Command**
केन्द्रीय संस्कारक एकक	**Central Processing Unit**	बुद्धिमान मशीन	**Intelligent Machine**
चकती	**Disk**	भापा	**Language**
चरित	**Character**	मूल निदेशिका	**Root Directory**
चुम्बकीय चकतियाँ	**Magnetic Disk**	यथावस्तु	**Hardware**
जगत	**World**	युक्ति	**Device**
टंकण कुंजियाँ	**Typing Keys**	रिक्ति पट्टिका	**Spacebar**
तन्त्रीय प्रोग्राम	**System Program**	वृक्ष	**Tree**

विनिदेश	Instruction
वैयक्तिक कम्प्यूटर	Personal Computer
शब्द	Word
स्थायी	Fixed
स्वपरीक्षण	Self-test
संगृह	Storage
संचाली	Drive
संचिका	File
संचिकानाम	Filename
संपुट चकतियाँ	Compact Disk
संयमक पटल	Control Panel
संवर्त	Switch
संस्कारण	Processing
साधारण द्विअंकी पद्यति	Plain Binary System
सुरक्षण	Saving
सुरक्षा	Safety
सूचना	Information
सूक्ष्मकम्प्यूटर	Microcomputer
सूक्ष्मसंस्कारक	Microprocessor
सूक्ष्मवैद्युत्यिकी	Microelectronics

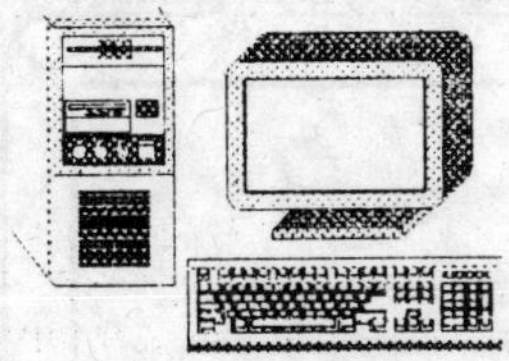

1

कम्प्यूटर तंत्र

कम्प्यूटर एक मशीन है जो मनुष्यों की बुद्धि द्वारा किये जा सकने वाले अनेक कार्यों को कर सकता है। यह मशीन मनुष्यों की तरह सूचनाएँ प्राप्त कर सकती है, उन्हें भविष्य मे उपयोग के लिये याद रख सकती है, उनके आधार पर कोई निष्कर्ष निकाल सकती है, तथा सूचनाओं को अच्छे ढंग से प्रस्तुत कर सकती है। किन्तु इसके लिये इसे इसके नियमों के अनुसार कार्यविधि समझाने की आवश्यकता होती है। इस कार्यविधि को कम्प्यूटरों के विनिदेश अथवा इन्स्ट्रकशन कहा जाता है। सूचनाओं को चाहे गये रूप में लाने को सूचना संस्कारण कहते हैं। कम्प्यूटर दिये गये विनिदेशें के अनुसार सूचनाओं को संस्कारित करता है तथा परिणामों को वाँछित स्वरूप में व्यवस्थित करता है। अत: कम्प्यूटर को सूचना संस्कारण की एक आज्ञापालक मशीन कहा जा सकता है। आँखों से दिखाई देने वाली मशीन के भाग तथा इनके संचालन के लिये आवश्यक कार्य विधियाँ आदि को संयुक्त रूप से कम्प्यूटर तंत्र कहा जाता है।

इस पुस्तक माला में हम एक प्रकार के कम्प्यूटरों का अध्ययन करेगें जिनका उपयोग सबसे अधिक होता है तथा जो सामान्य रूप से लघु व्यवसायियों, कार्यालयों, विशेषज्ञों आदि द्वारा उपयोग किये जा रहे हैं। इनका प्रारंभिक विकास मनुष्यों की व्यक्तिगत आवश्यकताओं की पूर्ति के लिये किया गया था, इसलिये इन्हें **वैयक्तिक कम्प्यूटर** अथवा **पर्सनल कम्प्यूटर** अथवा **पी.सी.** कहा जाता है। किन्तु आधुनिक वैयक्तिक कम्प्यूटर बड़े-बड़े काम भी कर सकते हैं।

सर्वप्रथम, पी.सी का निर्माण अमेरिका की इन्टरनेशनल बिजनेस मशीन्स कार्पोरेशन ने किया था। इस कार्पोरेशन द्वारा निर्मित इन कम्प्यूटरों को आई. बी. एम.- पी.सी. कहा जाता है। बाद में अनेक कम्पनियों ने इस प्रकार के कम्प्यूटर तथा उनके भाग बनाने प्रारंभ कर दिये। ये अन्य कम्प्यूटर तथा इनके भाग आई.बी.एम- पी.सी. तथा उसके भागों के साथ मिलकर कार्य कर सकते हैं। इस कारण इन्हें आई.बी.एम. संगतेय पी.सी. अथवा आई. बी.एम. कम्पैटिबिल पी.सी. कहा जाता है।

वैयक्तिक कम्प्यूटर की सबसे बड़ी विशेषता यह है कि इसके मुख्य कार्य करने वाले भाग को जिसे संस्कारक अथवा प्रोसेसर कहा जाता है, एक ही चिप्पी में इकट्ठा कर दिया गया है। इस चिप्पी के **सूक्ष्मवैद्युत्यिकी** अथवा **माइक्रोइलेक्ट्रानिक्स** तकनीक से बनाये जाने के कारण इसे **माइक्रोप्रोसैसर** अथवा **सूक्ष्मसंस्कारक** कहते हैं। इसीलिये इस चिप्पी के आधार पर बने कम्प्यूटर को **सूक्ष्मकम्प्यूटर** अथवा **माइक्रोकम्प्यूटर** भी कहा जाता है। इस प्रकार पी.सी. एक प्रकार का माइक्रोप्रोसेसर आधारित कम्प्यूटर अर्थात माइक्रोकम्प्यूटर है।

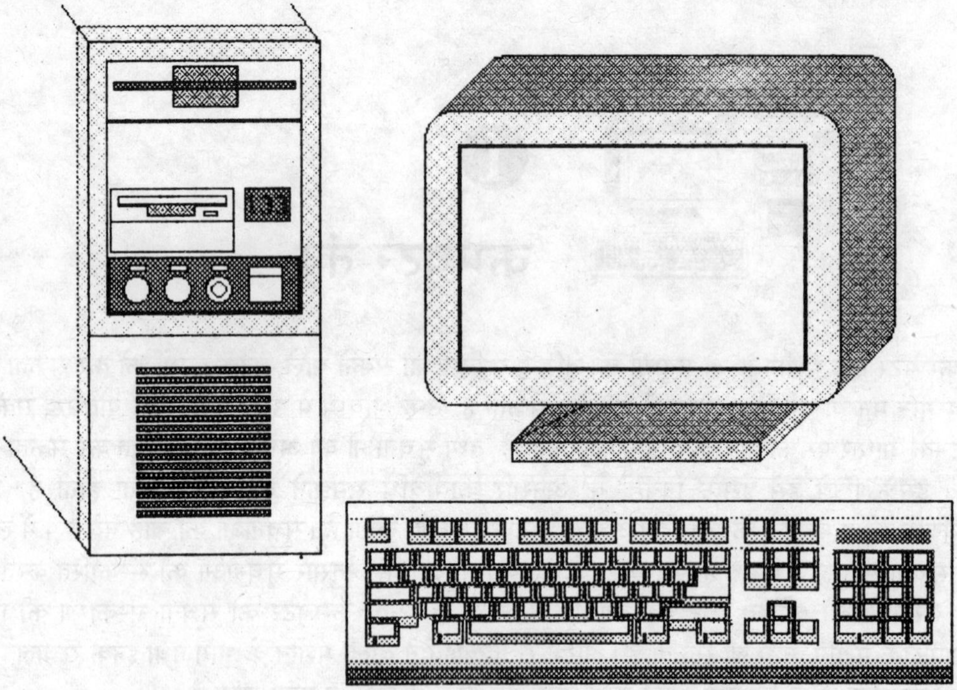

वैयक्तिक कम्प्यूटर का विकास तीन चरणों में हुआ है। पहले पी.सी., फिर पी.सी.-एक्स.टी., तथा अन्त में पी.सी.-ए.टी.। अब केवल पीं.सी.-ए.टी. का प्रचलन रह गया है। इसके बाहर से दिखाई देने वाले तीन मुख्य अंग ये होते हैं -

कुंजीपटल अथवा कीबोर्ड,
प्रेक्षक अथवा मॉनीटर, तथा
केन्द्रीय संस्कारक एकक अथवा सी.पी.यू. पेटी

कुंजीपटल से कम्प्यूटर को अंतर्गतन सूचनाएँ दी जाती हैं, मॉनीटर टेलीविजन जैसा यन्त्र है जिसपर कम्प्यूटर परिचारक को कम्प्यूटर के अंतर्गतन, कार्यकलाप, तथा बहिर्गतन साथ-साथ दिखाई देते रहते हैं। सी.पी.यू. पेटी में कम्प्यूटर के मुख्य भाग लगे रहते हैं। यह - पड़ी अथवा खड़ी - दो आकारों में होती है।

बहुत से व्यक्ति कम्प्यूटरों को **बुद्धिमान मशीन** भी कहते हैं क्यों कि यह मनुष्यों की बुद्धि की तरह कार्य करते हैं। मनुष्य की बुद्धि तथा कम्प्यूटर में निम्नांकित अन्तर होते हैं -

क. मनुष्य की बुद्धि अनेक प्रकार के आदेशों को समझ सकती है जबकि कम्प्यूटर केवल निश्चित नियमानुसार दिये गये अधिदेशों को ही समझता है।

ख. मनुष्य की बुद्धि उसकी कल्पना शक्ति का भी उपयोग करती है जबकि कम्प्यूटर में कल्पना शक्ति नहीं होती।

ग. मनुष्य की स्मृति क्षमता अभी तक अकूत है जबकि कम्प्यूटर में सीमित स्मृति ही होती है।

घ. अनेक प्रकार के कार्यो को साथ-साथ करने मे मनुष्य की बुद्धि कम्प्यूटरों से बहुत आगे है जबकि एक ही प्रकार के कार्य को बार-बार एक समान रूप से करने में कम्प्यूटर मनुष्य की बुद्धि से अधिक सक्षम हैं।

च. कम्प्यूटर कार्य करने की समुचित विधि पाये बिना कार्य नहीं कर सकते जबकि मनुष्य कर सकते हैं।

कम्प्यूटर विद्युत धारा के प्रवाह से संचालित होते हैं। इनमें विद्युत धारा के दो उपयोग होते हैं -

1. विद्युत धारा कम्प्यूटर के विभिन्न अवयवों को अपने अपने कार्य करने के लिये आवश्यक ऊर्जा प्रदान करती है, तथा

2. विद्युत धारा के प्रवाहित होने अथवा बन्द होने के क्षणों के आधार पर भिन्न भिन्न सूचनाओं तथा अधिदेशों के समतुल्य संकेत बनाये जाते हैं। कम्प्यूटर की सभी सूचनाएँ तथा विनिदेशयाँ इन्ही संकेतों के माध्यम से प्रवाहित होते हैं।

इस प्रकार कम्प्यूटर एक वैद्युत मशीन है जिसको सूचनाएँ तथा विनिदेशयाँ अथवा इन्स्ट्रक्शन्स प्रदान किये जाते हैं तथा संस्कारित सूचनाएँ प्राप्त की जाती हैं। कम्प्यूटर को सूचनाएँ एवं विनिदेशयाँ देने वाले व्यक्ति को कम्प्यूटर परिचारक अथवा ऑपरेटर कहा जाता है। कम्प्यूटर को दी जानेवाली सूचनाओं तथा विनिदेशें को कम्प्यूटर के **अन्तर्गतन** अथवा **इनपुट** कहा जाता है तथा इससे प्राप्त सूचनाओं को कम्प्यूटर के **बहिर्गतन** अथवा **आउटपुट** कहा जाता है।

कम्प्यूटर को परिचारण की सुविधा के लिये एक मेज पर रखा जाता है जिसके सामने की कुर्सी पर कम्प्यूटर परिचारक बैठता है। कम्प्यूटर का कक्ष शीतल तथा धूल-धुँआ-रहित होना चाहिये।

अभ्यास :

अध्यापक महोदय क्षात्रों को कम्प्यूटर कक्ष में ले जाएँ। कम्प्यूटर कक्ष में स्वच्छता पर बल देने के लिये क्षात्रों के जूते आदि कक्ष के बाहर ही उतरवा दें।

कम्प्यूटर का विद्युत संबंधन विच्छेदित करके क्षात्रों को कम्प्यूटर के तीनों प्रमुख भागों -

कुंजीपटल, मॉनीटर, तथा सी.पी.यू. पेटी

दिखाएँ एवं मुक्तभाव से उन्हें स्वयं देखने दें। क्षात्र अध्यापक महोदय से इस पाठ से संबंधित अपने मन में उठे प्रश्नों को पूछें।

प्रश्नमाला :

1. निम्नलिखित शब्दों अथवा शब्द-समूहों की व्याख्या कीजिये –

कम्प्यूटर, मॉनीटर,

बुद्धिमान मशीन, कम्प्यूटर परिचारक

2. निम्नलिखित प्रश्नों के सही उत्तर चुनिये –

क. वैयक्तिक कम्प्यूटरों को माइक्रोकम्प्यूटर भी कहते हैं, क्योंकि

- इनका आकार बहुत छोटा होता है,
- ये माइक्रोइलेक्ट्रॉनिक तकनीक से बनाये जाते हैं,
- ये माइक्रोप्रोसैसर पर आधारित होते हैं।

ख. सामान्यत: उपयोग में लाये जाने वाले कम्प्यूटर वैयक्तिक कम्प्यूटर अथवा पी.सी. कहे जाते हैं क्योंकि

- ये व्यक्तिगत कार्य कर सकने में ही सक्षम हैं,
- इनका विकास व्यक्तिगत उपयोगों के लिये किया गया था,
- इनका आकार बहुत छोटा होता है।

ग. कम्प्यूटरों की तुलना में मनुष्यों की स्मृति

- बहुत अधिक है,
- लगभग समान है,
- सीमित है।

घ. मानुष बुद्धि कम्प्यूटरी बुद्धि से श्रेष्ठ है क्योंकि

- इसीने कम्प्यूटरों को बनाया है,
- इसमें कल्पनाशीलता अतिरिक्त है,
- इसे पूरी तरह नहीं जाना जा सकता।

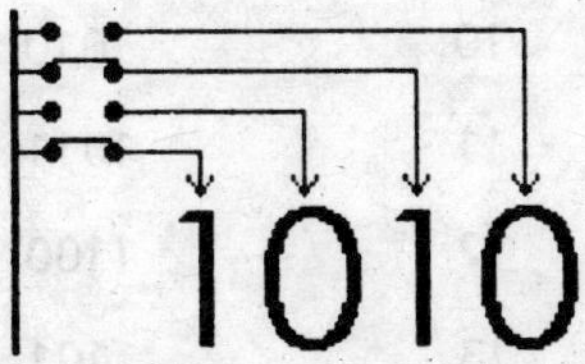

2
बिट तथा बाइट

मान लीजिये कि एक मकान में चार परिवार रहते हैं तथा चारों की एक ही द्वार की घण्टी है। किसी आगन्तुक द्वारा घण्टी बजाये जाने पर हो सकता है कि चारों परिवार ही द्वार की ओर दौड़ पड़ें अथवा एक दूसरे पर टाल कर चारों में से एक भी द्वार न खोले। इससे सब काम उल्टा-पुल्टा हो सकता है। आगन्तुक द्वारा केवल एक ही परिवार को अपने आगमन की सूचना देने के लिये निम्नांकित विधि अपनाई जा सकती है -

1. परिवार 1 के लिये - एक बार देर तक घण्टी का बजाना।
2. परिवार 2 के लिये - दो बार थोड़ी-थोड़ी देर तक घण्टी का बजाना।
3. परिवार 3 के लिये - पहली बार लम्बे तथा दूसरी बार थोड़े समय तक घण्टी बजाना।
4. परिवार 4 के लिये - पहली बार थोड़े तथा दूसरी बार लम्बे समय तक घण्टी बजाना।

इस प्रकार घण्टी के बटन को दबाने या छोड़ने से चारों में से किसी भी एक परिवार को सूचित किया जा सकता है। कुछ वर्ष पूर्व तक तार द्वारा संदेश भेजने के लिये इसी प्रकार की संकेत प्रणाली अपनाई जाती थी जिसे **मोर्स कोड** कहते हैं। आजकल यह कार्य टैलीप्रिण्टर मशीन द्वारा किया जाता है।

इस प्रकार के संकेतों को कूट संकेत कहा जाता है जिसका अर्थ किसी संदेश को ऐसे संकेतों के माध्यम से भेजना जिनके अर्थ संदेश पाने वाले व्यक्ति को पहले से ज्ञात हों। गुप्त संदेश भेजने के लिये ऐसे कूट संकेतों का उपयोग किया जाता है जिनके अर्थ केवल संदेश भेजने एवं पाने वाले को ज्ञात होते हैं। वास्तव में देखा जाय तो सभी प्रचलित भाषाएँ, हाथ, आँख आदि के इशारे, सिर हिलाकर हाँ या ना में उत्तर देना, आदि सब जाने माने कूट संकेत ही हैं।

आधुनिक कम्प्यूटरों में भी इसी प्रकार धारा प्रवाह के बन्द अथवा चालू होने की अवधियों के आधार पर विभिन्न सूचना संकेत दिये जाते हैं। इस प्रकार के संकेतों को **अंकीय** अथवा **डिजिटल संकेत** कहते हैं। इस प्रकार के संकेतों पर आधारित कम्प्यूटरों को **डिजिटल कम्प्यूटर** कहा जाता है। इस व्यवस्था में संख्या के केवल दो ही अंक, 1 तथा 0, ही होते है। इसलिये इसे **बाइनरी** अर्थात् **द्विअंकी पद्यति** कहा जाता है। इन दो अंको के उपयोग से कितनी भी बडी संख्या दर्शाई जा सकती है। निम्नांकित तालिका में शून्य से 19 तक की दशमलवी संख्याओं के समतुल्य बाइनरी संख्याएँ दी गई हैं।

दशमलवीय संख्या	समतुल्य बाइनरी संख्या	दशमलवीय संख्या	समतुल्य बाइनरी संख्या
0	0	10	1010
1	01	11	1011
2	10	12	1100
3	11	13	1101
4	100	14	1110
5	101	15	1111
6	110	16	10000
7	111	17	10001
8	1000	18	10010
9	1001	19	10011

बाइनरी संख्या के प्रत्येक अंक को एक बिट अथवा द्विंक कहते हैं। सामान्यत:, द्विंक 1 विद्युत धारा प्रवाह के चालू रहने तथा द्विंक 0 धारा प्रवाह के बन्द होने से दर्शाया जाता है। इस पद्यति का सबसे बडा लाभ यह है कि विद्युत धारा प्रवाह के दो स्तरों से ही सभी तरह के संकेत प्रवाहित किये जा सकते हैं। उपरोक्त तालिका में जिस प्रकार दशमलवी संख्याओं के लिये बाइनरी पद्यति की संख्याएँ दर्शाई गई हैं उसी प्रकार अक्षरमाला के प्रत्येक अक्षर अथवा अन्य आवश्यक चरितों के लिये भी बाइनरी अंको की श्रृंखलाएँ पहले से निर्धारित हैं जिसंसे कम्प्यूटर में संकेत प्रवाह से केवल संख्याएँ ही नहीं, पाठ्य को भी संगृहित एवं संप्रेषित किया जा सकता है।

कम्प्यूटर में एक बिट का शून्य तथा एक में से केवल एक ही मान संभव है। अत: एक बिट एक समय में केवल दो संभव क्रियाओं में से एक को चुन सकता है। जैसे हाँ अथवा ना, आज स्कूल जाना है अथवा नही, कल क्रिकेट खेलना है अथवा पिकनिक पर जाना है, आदि। इन उदाहरणों के किसी एक विकल्प को शून्य से तथा अन्य को एक से दर्शाया जाता है।

यदि हमें एक रोबोट को आगे, पीछे, बाँये अथवा दाँये चलने का निर्देश देना हो, या अपने लिये घड़ी, अथवा पिताजी के लिये कोट, अथवा माताजी के लिये साड़ी, अथवा बहन के लिये झुमके खरीदने में से किसी एक को चुनना हो, तो हम एक बिट के उपयोग से यह निर्णय नहीं कर सकते, हमें कम से कम दो बिटों का उपयोग करना होगा। क्योंकि दो बिटों के समूह के निम्नलिखित चार मान संभव हैं :-

00, 01, 10, 11

इनमें से प्रत्येक से एक विकल्प दर्शाया जा सकता है जिससे कम्प्यूटर के उपयोग से निर्णय किया जा सकता है, जैसे –

बाइनरी कूट	*रोबोट के लिये दिशा*	*खरीद का निर्णय*
00	आगे	अपने लिये घड़ी
01	बाँये	पिताजी के लिये कोट
10	पीछे	माताजी के लिये साड़ी
11	दाँये	बहन के लिये झुमके

इसी प्रकार तीन, चार, ... बिट समूहों के उपयोग से अनेकानेक विकल्पों को दर्शाया जा सकता है। नीचे दी गई तालिका में बिटों की संख्या तथा संभव विकल्पों को दर्शाकर दोनों के मध्य सम्बन्ध स्थापित किया गया है:-

बिट संख्या	*संभव कूट संकेत*				*विकल्प संख्या*
1	0,	1			$2 = 2^1$
2	00,	01,	10,	11	$4 = 2^2$
3	000,	001,	010,	011	
	100,	101,	110,	111	$8 = 2^3$
4	0000,	0001,	0010,	0011	
	0100,	0101,	0110,	0111	
	1000,	1001,	1010,	1011	
	1100,	1101,	1110,	1111	$16 = 2^4$
न			...		$2^{न}$

इस प्रकार हम आठ बिटों के संकेतों से कुल $2^8 = 256$ भिन्न सूचनाओं को दर्शा सकते हैं। इस प्रकार की संकेत पद्यति को **साधारण द्विअंकी पद्यति** अथवा **प्लेन बाइनरी सिस्टम** कहा जाता है। कम्प्यूटरों में उपयोग की जाने वाली अन्य प्रकार की मानक बाइनरी पद्यतियाँ भी हैं जिनका अध्ययन क्रमशः अगली कक्षाओं में किया जायेगा।

उपरोक्त तालिकाओं से यह स्पष्ट होता है कि बाइनरी पद्यति में अंकों की संख्या बहुत अधिक होती है जैसे दशमलवी संख्या 19 के लिये बाइनरी पद्यति में पाँच अंकों की संख्या बनती है। इसलिये गिनने की सुविधा के लिये इस पद्यति में प्रत्येक आठ बिटों के समूह को एक बाइट अथवा अंकाष्टी कहा जाता है। इसी प्रकार दो बाइटों को एक शब्द कहा जाता है।

डिजिटल कम्प्यूटरों में नीचे लिखी बिटों पर आधारित इकाइयों का उपयोग किया जाता है :-

	1 निबिल = 4 बिट	
1 बाइट	= 2 निबिल	= 8 बिट
1 शब्द	= 2 बाइट	= 16 बिट
1 किलोबाइट	= 1024 बाइट	= 2^{10} बाइट
1 मेगाबाइट	= 1,048,576 बाइट	= 2^{20} बाइट
1 गीगाबाइट	= 1,073,741,824 बाइट	= 2^{30} बाइट
1 टैराबाइट	= 1, 066,511,627,776 बाइट	= 2^{40} बाइट

अभ्यास :

अध्यापक अथवा अध्यापिका के लिये –

किसी बिजलीकर्मी से एक बोर्ड पर एक पंक्ति में 8 बल्ब होल्डर तथा प्रत्येक के लिये एक स्विच लगवाकर वायरिंग करा लीजिये जैसा कि आगे के चित्र में दिखाया गया है। इस बोर्ड द्वारा 8 अंकों की बाइनरी संख्या दर्शाई जा सकती है, जो 0 से 256 तक की दशमलवी संख्याओं के समतुल्य हैं। कक्षा के क्षात्रों के क्रमांकों को इस बोर्ड द्वारा दर्शाकर उनकी उपस्थिति चैक कीजिये। इससे क्षात्रों का बाइनरी ज्ञान बढ़ेगा। यह बोर्ड आगे के अभ्यासों में भी उपयोगी होगा।

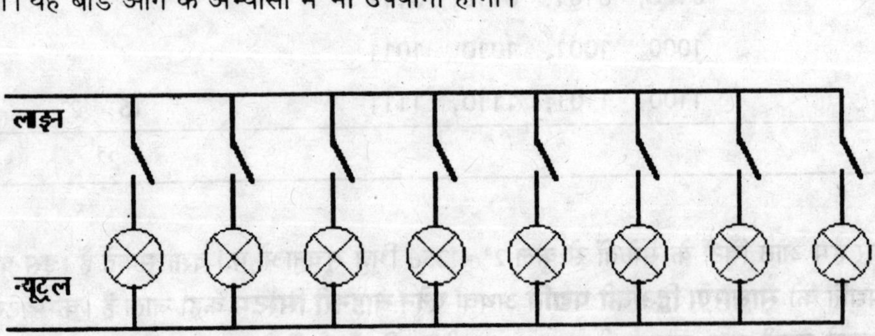

प्रश्नमाला :

1. रिक्त स्थान भरिये -

क. वर्तमान में प्रचलित कम्प्यूटरों को .... कम्प्यूटर कहा जाता है।

ख. चार अंकों की सबसे बड़ी बाइनरी संख्या का दशमलवीय मान.............होता है।

ग. दशमलवी संख्या 26 को बाइनरी मान........................... है।

घ. एक किलोमीटर का अर्थ 1000 मीटर है किन्तु एक किलोबाइट का अर्थ ....बाइट है।

च. एक बाइट से .... भिन्न कूट संकेत प्राप्त किये जा सकते हैं

3

हार्डवेयर तथा सॉफ्टवेयर

बच्चो, तुम्हारी अध्यापिका महोदया अथवा अध्यापक महोदय ने तुम्हें कम्प्यूटर अवश्य दिखा दिया होगा। किन्तु जो आँखों से दिखाई पड़ता है, केवल वही कम्प्यूटर तंत्र नहीं है। यह तो कम्प्यूटर तंत्र का एक अंग है। यह प्रत्यक्ष अंग तो निर्जीव देह की भाँति है, यह स्वयं कोई कार्य नहीं कर सकता। तुमने कोई मृत मनुष्य अथवा पशु अवश्य देखा होगा और यह भी जानना चाहा होगा की मृत तथा जीवित मनुष्य अथवा पशु में क्या अन्तर होता है। दिखने में तो दोनों एक जैसे ही होते हैं। जीवों के जीवित से मृत होने में जो तत्व नहीं रहता है उसे प्राण कहते हैं। प्राण ही निर्जीव देह को जीवन अर्थात् सक्रियता प्रदान करता है। अत: मनुष्य, पशु आदि जीवों में दो अंग अनिवार्य रूप से होते हैं – एक देह तथा दूसरा प्राण।

कम्प्यटरों की स्थिति भी ठीक इसी प्रकार है। कम्प्यूटर के भाग जिन्हें प्रत्यक्ष देख सकते हो, देह के समान हैं। इन्हें **हार्डवेयर** अथवा **यथावस्तु** कहते हैं। यथावस्तु को सक्रिय बनाने हेतु कम्प्यूटर को कुछ विनिदेशें की आवश्यकता होती है जो कम्प्यूटर में प्राण की तरह होते हैं। इन विशिष्ट विनिदेशें को कम्प्यूटर तंत्र के **सॉफ टवेयर** अर्थात् **परावस्तु** कहते हैं, ये दिखाई पड़ सकने वाली वस्तुएँ नहीं हैं। ये कम्प्यूटर की सार्थक सूचनाएँ हैं। इस प्रकार कम्प्यूटर तंत्र के भी दो अनिवार्य अंग होते हैं –

यथावस्तु अर्थात हार्डवेयर, तथा

परावस्तु अर्थात सॉफ्टवेयर

परावस्तु का निर्माण यथा वस्तु पर आधारित होता है। अत: कम्प्यूटर तंत्र का मूल निर्णायक तत्व यथावस्तु है। प्रत्येक माइक्रोकम्प्यूटर यथावस्तु का सर्वाधिक महत्वपूर्ण भाग इसका सूक्ष्मसंस्कारक अथवा माइक्रोप्रोसेसर होता है जिसकी कार्य प्रणाली कुछ सुनिश्चित संकेत प्रवाहों से नियमित होती है। ये संकेत ही परावस्तु निर्माण के लिये अँकुर की तरह कार्य करते हैं। ये संकेत विद्युत धारा प्रवाह के चालू तथा बन्द अवस्थाओं से बनते हैं। उदाहरणार्थ – कम्प्यूटरों के प्रथम सूक्ष्म संस्कारक 8086 के कुछ संकेत इस प्रकार हैं–

स्थिर पोर्ट से एक बाइट अन्तर्गतन	11100100 पोर्ट
बाहरी पोर्ट से अन्तर्गतन	11101100 पोर्ट
स्थिर पोर्ट को एक बाइट बहिर्गतन	11100110 पोर्ट
बाहरी पोर्ट को एक बाइट बहिर्गतन	11101110 पोर्ट

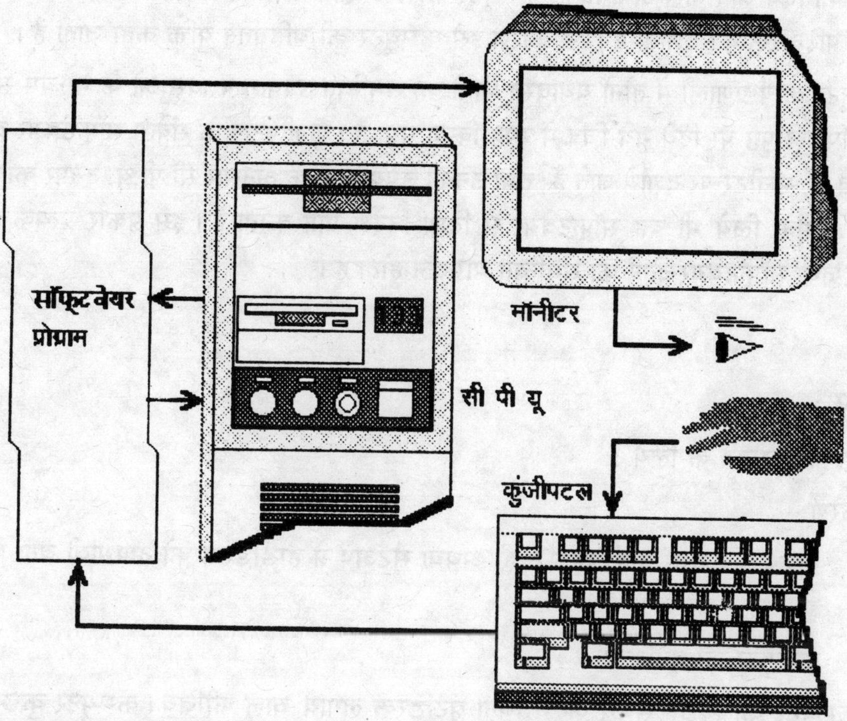

जहाँ सामान्यत: 1 का अर्थ धारा प्रवाह चालू तथा 0 का अर्थ धारा प्रवाह बन्द है। इस प्रकार की संकेत सूची को सूक्ष्म संस्कारक का विनिदेश समुच्य अथवा इन्स्ट्रक्शन सैट कहा जाता है। अत: 8086 सूक्ष्म संस्कारक वाले कम्प्यूटर तंत्र हेतु बने परावस्तुओं के निर्माण में ऊपर दिये गये संकेत कूटों का उपयोग होगा।

कम्प्यूटर हार्डवेयर के तीन प्रमुख भाग निम्नांकित हैं –

1. अन्तर्गतन युक्ति जैसे कुंजीपटल, माउस आदि,
2. केंन्द्रीय संस्कारक इकाई अथवा सी.पी.यू.
3. बहिर्गतन युक्ति जैसे मॉनीटर, मुद्रक आदि।

सी.पी.यू. पेटिका के अन्दर अनेक भाग व्यवस्थित रहते हैं तथा एक दूसरे से सम्बन्धित होते हैं। कम्प्यूटर द्वारा किये गये सभी प्रमुख कार्य इन्ही भागों द्वारा किये जाते हैं। कुंजीपटल के माध्यम से कम्प्यूटर परिचारक अपने अधिदेश एवं सूचनाएँ कम्प्यूटर को प्रदान करता है। इसलिये इसे कम्प्यूटर की अन्तर्गतन युक्ति अथवा इनपुट डिवाइस कहा जाता है। इस कुंजीपटल में साधारण टाइपराइटर की कुंजियों के अतिरिक्त भी अनेक कुंजियाँ होती हैं। कम्प्यूटर का मॉनीटर दूरदर्शन की तरह का एक उपस्कर है जो

कम्प्यूटर को दिये जाने वाले अन्तर्गतनों, कम्प्यूटर के अन्दर होने वाली क्रियाओं तथा इसके बहिर्गतनों को कम्प्यूटर परिचारक को दर्शाता है। इस कारण इसे कम्प्यूटर की बहिर्गतन युक्ति कहा जाता है।

कम्प्यूटर कार्य प्रणाली में तीनों यथावस्तु भागों का समन्वित उपयोग परावस्तुओं के माध्यम से होता है जैसाकि पिछले पृष्ठ पर दिये गये चित्र में स्पष्ट किया गया है। कुंजीपटल के संकेत सॉफ्टवेयर द्वारा चैक किये जाते हैं, मॉनीटर पर दर्शाये जाते हैं, तथा उनकी उपयोगिता के अनुसार सी.पी.यू. उनपर कार्यसंचाली करता है। इसके लिये भी यह सॉफ्टवेयर से दिशा निर्देश प्राप्त करता है। इस प्रकार प्रत्येक क्रिया म हार्डवेयर तथा सॉफ्टवेयर दोनों का समन्वित योगदान होता है।

अभ्यास :

अध्यापक महोदय के लिये :

उपकरण –

कम्प्यूटर जिसमें हार्डडिस्क न हो अथवा सैटअप से हार्डडिस्क को अप्रभावी बना दिया गया हो,

कम्प्यूटर की बूटडिस्क।

1. कम्प्यूटर को विद्युत संबंध करके बिना बूटडिस्क लगाये चालू कीजिये। कम्प्यूटर कुछ क्रियाएँ करके ठहर जायेगा। परदे पर अंकित संदेश क्षात्रों से पढ़वाइये तथा इसका अर्थ स्पष्ट कीजिये।

2. अब कम्प्यूटर में बूंटडिस्क लगाइये तथा कम्प्यूटर क्रियाओं के बाद परदे पर अंकित डॉस प्रॉम्प्ट दिखाइये।

3. क्षात्रों से कुछ भी टाइप करने को कहिये तथा एण्टर कुंजी दबाइये।

4. क्षात्रों को कम्प्यूटर का संदेश पढ़वाइये तथा इसका अर्थ स्पष्ट कीजिये।

प्रश्नमाला :

1. निम्नलिखित पर टिप्पणी लिखिये :-

सॉफ्टवेयर, डिजिटल कम्प्यूटर,

माइक्रोकम्प्यूटर, अन्तर्गतन युक्ति,

मॉनीटर

2. नीचे लिखे वाक्यों के रिक्त स्थान भरिये :-

क. माइक्रोकम्प्यूटर सॉफ्टवेयर के मूलमन्त्र .... में अंतर्निहित होते हैं।

ख. कम्प्यूटरों में सॉफ्टवेयर का वही महत्व है जो नदी में .... का।

ग. कम्प्यूटर .... का निर्माण उसके .... पर आधारित होता है।

घ. कम्प्यूटर हार्डवेयर का निर्माण फैक्ट्रियों में मशीनों से होता है किन्तु सॉफ्टवेयर का निर्माण .... से होता है।

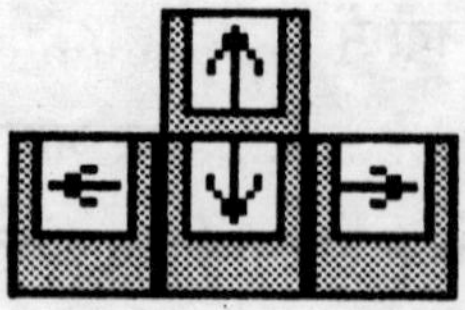

4 कुंजीपटल प्रथम परिचय

कम्प्यूटर परिचारक को सबसे अधिक आवश्यकता कुंजीपटल की होती है। अतः कम्प्यूटर अध्ययन के प्रथम चरण में हम इसकी मुख्य कुंजियों से परिचय पायेगें। कम्प्यूटर कुंजीपटल की सबसे बड़ी विशेषता यह होती है कि इसकी प्रत्येक कुंजी मात्र एक स्विच का कार्य करती है। सभी की आन्तरिक संरचना एक जैसी ही होती है तब भी प्रत्येक कुंजी प्रथक प्रभाव उत्पन्न करती है। इसके विपरीत साधारण टाइपराइटर की कुंजियों की संरचनाओं में प्रत्येक से संम्बन्धित चिन्ह खुदा होता है जिसके कारण प्रत्येक कुंजी प्रथक प्रभाव उत्पन्न करती है।

कम्प्यूटर कुंजीपटल की कुंजियाँ तारों के एक संजाल पर प्रथक-प्रथक स्थलों से सम्बन्धित होती हैं। इन तारों में विद्युत धारा संकेत प्रवाहित होते हैं। प्रत्येक कुंजी संजाल पर अपनी विशिष्ट स्थिति के कारण ही प्रथक प्रभाव उत्पन्न करती है।

कम्प्यूटरों के प्रकार के अनुसार कुंजीपटल तीन प्रकार के होते हैं -

1. आई. बी. एम. - पी. सी. प्रकार,
2. पी.सी. एक्स. टी. तथा ए. टी. प्रकार, एवं
3. पी. एस. 2 प्रकार

इस पुस्तक माला में हम पी. सी. ए. टी. प्रकार के कम्प्यूटरों का अध्ययन कर रहे हैं अतः हम उपरोक्त में क्रमांक 2 कुंजीपटल के प्रकार का ही अध्ययन करेंगे। इस प्रकार के कुंजीपटल भी दो प्रकार के होते हैं जिन्हें **क्वैर्टी** प्रकार तथा **एजर्टी** प्रकार कहा जाता है। इनमें से क्वैर्टी प्रकार अधिक प्रचलित है। इन कुंजीपटल प्रकारों के ये नाम कुंजीपटल की प्रथम 6 अक्षर कुंजियों के नाम पर दिये गये हैं। जिस कुंजी पटल का हम अध्ययन करेंगे उसकी प्रथम 6 अक्षर कुंजियाँ क्रमशः **Q W E R T Y** हैं इसलिये इसे क्वैर्टी कुंजीपटल कहा जाता है।

कुंजियों की संख्याओं के अनुसार भी कुंजीपटल कई प्रकार के आते हैं। जिनमें 84 कुंजी वाले तथा 101 कुंजी वाले कुंजीपटल अधिक लोकप्रिय हैं। इन्हें आगे प्रथक चित्रों में दिखाया गया है।

कर्त्यन कुंजियाँ टंकण कुंजियाँ सांख्यिक कुंजीपट

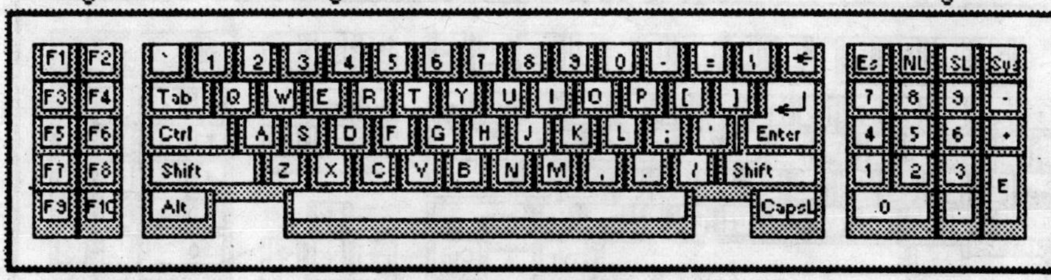

84-कुंजी कुंजीपटल

इनकी कुंजियों का विभाजन इस प्रकार होता है।

कुंजी समूह	*84-कुंजी*	*101-कुंजी*	*कुंजी नाम, चरित*
टंकण कुंजियाँ – टाइपिंग की	48	48	**A-Z, 1-0, `, _, +, |, }, {, ", :, ?, >, <,**
कर्त्य कुंजियाँ – फंक्शन की	10	12	**F1-F10, or F1-F12**
कर्सर कुंजियाँ	–	4	**← ↑ ↓ →**
सांख्यिक कुंजीपट कुंजियाँ	17	16	**0 - 9, /, *, –, +, Enter, Delete,**
संशोधन कुंजियाँ	4	6	**Alt, Control, Shift**
विशेष क्रिया कुंजियाँ	3	13	**Home, End, PageUp, PageDown, PrintScreen, ScrollLock, Pause, Tab,Backspace, Delete, Spacebar, Escape, Enter**
द्विदिशी क्रिया कुंजियाँ	2	3	**Insert, CapsLock, NumLock**
कुल कुंजियाँ	84	102	

101-कुंजी कुंजीपटल में वास्तव में 102 कुजियाँ होती हैं इसलिये इसे संवर्द्धित अथवा एनहैन्स्ड कुंजीपटल कहा जाता है।

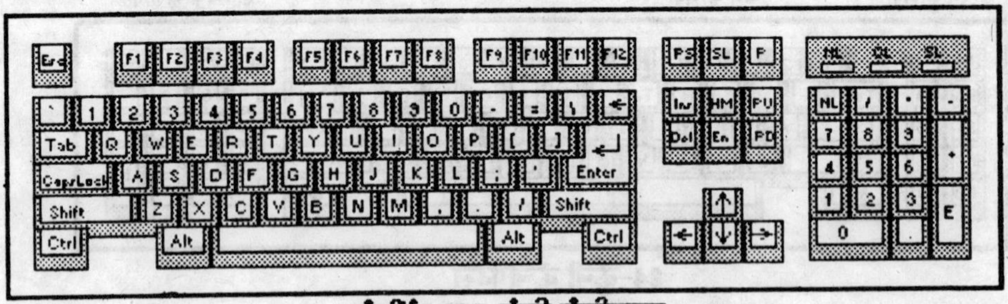

संवर्द्धित 101-कुंजी कुंजीपटल

कुंजीपटलों के बारे में सामान्य जानकारियाँ निम्नांकित हैं :-

1. टंकण कुंजियाँ

टंकण कुंजियों के दो वर्ग हैं - 26 अक्षर कुंजियाँ जिनपर अँग्रेजी के ए से ज़ैड तक के अक्षर अंकित हैं तथा 22 चरित कुंजियाँ जिनपर संख्या अंक तथा व्याकरण चिन्ह अंकित हैं। प्रत्येक टंकण कुंजी द्वारा दो चरितों का टंकण संभव होता है - एक अकेली कुंजी उपयोग से तथा दूसरा शिफ्ट कुंजी के साथ। अक्षर कुंजियाँ अकेले अँग्रेजी के छोटे अक्षर तथा शिफ्ट कुंजी के साथ अँग्रेजी के बड़े अक्षर टंकित करती हैं। अन्य कुंजियों में से प्रत्येक पर दो चरितों का अंकन होता है। अकेली कुंजी से नीचे अंकित चरित तथा शिफ्ट कुंजी के साथ ऊपर अंकित चरित टंकित होता है। कैप्सलॉक कुंजी को एक बार दबाकर छोड़ने से अक्षर कुंजियाँ अँग्रेजी के बड़े अक्षर टंकित करती हैं। इस कुंजी एक बार पुन: दबाकर छोड़ने से इसका प्रभाव समाप्त हो जाता है। कैप्सलॉक कुंजी का चरित कुंजियों पर कोई प्रभाव नहीं होता। हिन्दी के प्रोग्राम टंकण कुंजियों के उपयोग में ही परिवर्तन करके इनसे देवनागरी लिपि के अक्षर टंकित कराते हैं।

2. टंकण सहायी कुंजियाँ

इन कुंजियों के टंकण कार्य में व्यापक उपयोग हैं जो इस प्रकार हैं :-

क- स्पेसबार अथवा रिक्ति पट्टिका

कम्प्यूटर उपयोग करते समय इस कुंजी का सबसे अधिक उपयोग होता है इसीलिये इसे सबसे लम्बा बनाया गया है। इस कुंजी को एक बार दबाकर छोड़ने से कर्सर एक रिक्त स्थान छोड़कर दाँई ओर को आगे बढ़ जाता है।

ख- एण्टर अथवा प्रवेश

कम्प्यूटर उपयोग में इस कुंजी का सबसे अधिक महत्वपूर्ण योगदान होता है। कम्प्यूटर को कोई अधिदेश देने में अधिदेश को अंकित करने के बाद इस कुंजी के उपयोग से ही कम्प्यूटर

अधिदेश को स्वीकार करता है। पाठ्य के टंकण में यह कुंजी परिच्छेद परिवर्तन के लिये उपयोग की जाती है।

ग- बैकस्पेस अथवा पश्चरिक्ति

इस कुंजी के उपयोग से कर्सर के बाँई ओर के चरितों को मिटाते हुए एक एक कदम पीछे की ओर बढ़ाया जाता है। अत: परिचारक द्वारा की गई भूल को सुधारने में इस कुंजी का उपयोग आवश्यक होता है।

घ- शिफ्ट अथवा अन्तरण कुंजी

प्रत्येक टंकण कुंजी दो मुद्रण प्रभाव उत्पन्न कर सकती है - एक अकेले तथा अन्य शिफ्ट कुंजी के साथ। इस प्रकार शिफ्ट कुंजी का टंकण में बहुत महत्त्व है। यह कुंजी प्रोग्राम द्वारा निर्धारित अन्य प्रकार के कार्य कर सकने में भी सक्षम है।

च- कैप्सलॉक अथवा ओद्यक कुंजी

अँग्रेज़ी में दो प्रकार के अक्षर हँ - ओद्य अथवा कैपिटल तथा उद्य अथवा स्मॉल। इस कुंजी को एक बार दबाकर छोड़ देने से अक्षर कुंजियाँ केवल ओद्य वर्णों को मुद्रित करती हैं। इसी को पुन: दबाकर छोड़ने से यही कुंजियाँ उद्य वर्णों को मुद्रित करने लगती हैं। एक ही कर्म से दो बिपरीत प्रभाव - एक बार एक तथा अगली बार अन्य - उत्पन्न करने को टॉगल अथवा एकान्य क्रिया कहा जाता है। यहाँ कैप्सलॉक कुंजी एक टॉगल कुंजी कहलाती है।

3. कर्सर कुंजियाँ

101-कुंजी कुंजीपटल पर चार कुंजियों का एक समूह होता है जिनपर तीरों के चिन्ह बने होते हैं, इन कुंजियों को कर्सर कुंजियाँ कहते हैं। इनका उपयोग कर्सर को परदे पर ऊपर, नीचे, दाँये तथा बाँये ले जाने के लिये किया जाता है। कुंजियों पर तीरों के चिन्ह कर्सर के जाने की दिशा दर्शाते हैं।

इन कुंजियों के प्रथक प्रावधान केवल 101-कुंजी कुंजीपटल में होते हैं। 84-कुंजी कुंजीपटल में ये क्रियाएँ भी सांख्यिक कुंजीपट की कुंजियों से की जाती हैं। 101-कुंजी कुंजीपटल में भी ये क्रियाएँ सांख्यिक कुंजीपट की कुंजियों से भी की जा सकती हैं।

इन कुंजीपटलों की अन्य कुंजियों का परिचय अगली कक्षा में कराया जाएगा।

अभ्यास :

गुरूजनों हेतु -

क. कृपया क्षात्रों को दोनों प्रकार के कुंजीपटल अच्छी तरह से अध्ययन एवं उनके चित्रांकन हेतु दें।

ख. कम्प्यूटर पर कोई सरल शब्द संस्कारक - वर्ड प्रोसैसर - प्रोग्राम प्रारंभ करके क्षात्रों को कुंजीपटल की कुंजियों के प्रभावों का स्वतंत्र रूप से अध्ययन करने दें एवं नीचे दी गयी प्रश्नमाला के उत्तर तैयार करने दें।

प्रश्नमाला :

1. कुंजीपटल में कुल टंकण कुंजियाँ कितनी होती हैं। इनका उपयोगानुसार विभाजन स्पष्ट कीजिये।

2. टॉगल क्रिया किसे कहते हैं, उदाहरण देकर समझाइये।

3. क्वैर्टी प्रकार के कुजीपटल की विशेषता समझाइये।

4. ऐसी क्रियाओं की सूची बनाइये जो 101-कुंजी कुंजीपटल से दो प्रकार से की जा सकती हैं।

5. कैप्स्लॉक कुंजी एक बार उपयोग करने के बाद अक्षर कुंजियों को शिफ्ट कुंजी के साथ उपयोग करने से क्या प्रभाव उत्पन्न होंगे।

6. शिफ्ट कुंजी के साथ कर्सर कुंजियों के प्रभाव का अध्ययन कीजिये तथा अपने शब्दों में अक्षरन कीजिये।

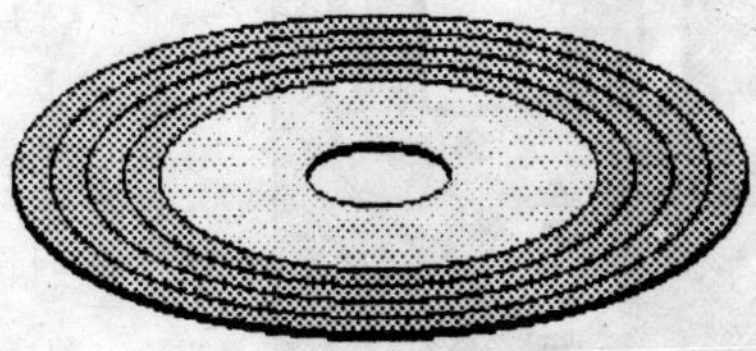

5 कम्प्यूटर चकतियाँ

कम्प्यूटरों में सूचना संगृह के लिये तीन प्रकार की युक्तियाँ प्रचलित हैं –

1. चुम्बकीय चकतियाँ,
2. चुम्बकीय फीत,
3. संपुट चकतियाँ अथवा सी.डी.,

चुम्बकीय चकतियाँ दो प्रकार की होती हैं – **फ्लॉपी** तथा **स्थायी**। तंत्र से से अलग की जा सकने वाली चकतियों को फ्लॉपी अथवा **अपनेयी चकती** कहा जाता है। जो चकतियाँ कम्प्यूटर तंत्र में ही स्थायी रूप से रहती हैं उन्हें **स्थायी चकती** अथवा **फिक्स्ड डिस्क** अथवा **हार्ड डिस्क** कहा जाता है।

फ्लॉपी चकतियाँ

फ्लॉपी चकतियाँ दो प्रकार की प्रचलित हैं–

5.25 इंच की चकतियाँ तथा

3.5 इंच की चकतियाँ

सामान्य रूप से उपयोग की जाने वाली 5.25 इंच की चकती की क्षमता 1.2 मैगाबाइट होती है जबकि 3.5 इंच की चकती की क्षमता 1.44 मैगाबाइट होती है। चकती की क्षमता का अर्थ उसमे संगृह की जा सकने वाली सूचनाओं की मात्रा होता है।

5.25 इंच चकती

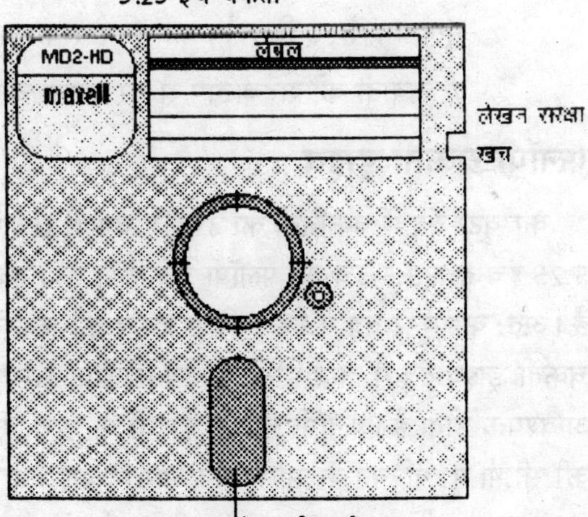

फ्लॉपी चकतियाँ अति नम्य प्लास्टिक की महीन फिल्म अर्थात झिल्ली की बनी होती हैं जिसके दोनों ओर डेटा बिटों के अंकन के लिये चुंबकीय पदार्थ की तह जमी होती हैं।

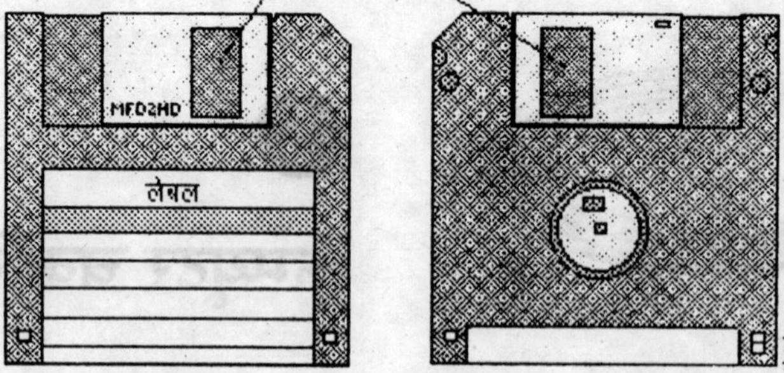

३'५ इंच चकती

फ्लॉपी चकतियों की सुरक्षा के लिये निम्नांकित सावधानियाँ आवश्यक हैं :-

1. चकती को यथासंभव कोने पर पकड़ना चाहिये।
2. चकती को ड्राइव के बाहर सदैव उसके लिफाफे में ही रखना चाहिये।
3. चकती को चुम्बक के पास नहीं लाना चाहिये।
4. चकती को कभी भी मोड़ना नही चाहिये।
5. चकती के दिखाई देने वाले आन्तरिक तल को छूना अथवा रगड़ कर साफ नहीं करना चाहिये।
6. चकती के आवरण पर भी पेन्सिल अथवा बॉलपैन से नहीं लिखना चाहिये। इसके लिये मुलायम फैल्ट टिप पैन का उपयोग करना चाहिये।
7. चकती को सदैव ताप से दूर रखना चाहिये।

फ्लॉपी चकती ड्राइव

कम्प्यूटर तंत्र में चकतियों का उपयोग चकती संचाली अथवा डिस्क ड्राइव युक्तियों द्वारा किया जाता है। 5.25 इंच तथा 3.5 इंच की फ्लॉपी चकतियों तथा स्थाई चकतियों के ड्राइव अलग-अलग प्रकार के होते हैं। अतः कम्प्यूटर तंत्र में जिस-जिस प्रकार की चकतियों का उपयोग किया जाना हो, उन सभी प्रकार की चकती ड्राइव तंत्र में लगी होनी चाहिये। प्रत्येक कम्प्यूटर तन्त्र में कम से कम एक चकती ड्राइव का होना आवश्यक होता है। फ्लॉपी चकती ड्राइवों के खंच, जिनमें चकतियों को लगाया जाता है, कम्प्यूटर तन्त्र की सी.पी.यू. पेटिका के सामने की ओर दिखाई देते रहते हैं जैसा कि सी.पी.यू. पेटिका चित्र में दिखाया गया है। चकती ड्राइव का सबसे महत्त्वपूर्ण अंग पठन, लेखन शीर्ष अथवा रीड, राइट हैड होता है जो चकती पर डेटा बिटों का अंकन तथा पठन करता है।

स्थायी चकती ड्राइव

स्थायी चकतियों के आधार के लिये प्लास्टिक फिल्म के स्थान पर हल्की एल्युमिनियम मिश्रधातु का उपयोग किया जाता है जिन्हें **प्लैटर** कहा जाता है। ये नम्य नहीं होते इसलिये इस प्रकार की चकतियों को **हार्ड डिस्क** कहा जाता है। प्लैटरों के दोनों तलों पर डेटा बिटों के अंकन के लिये चुंबकीय पदार्थ की तह जमी होती है।

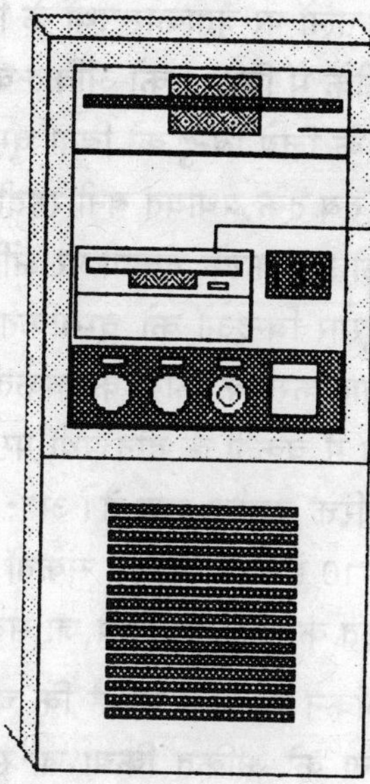

सी.पी.यू. पेटिका

स्थायी चकतियाँ ड्राइव में स्थायी रूप से अवस्थित रहती हैं अतः स्थायी चकती ड्राइव की क्षमता उसमें लगी चकतियों की क्षमता होती है। वर्तमान में 2 गीगाबाइट से 8 गीगा बाइट की स्थायी चकती ड्राइव उपयोग में ली जा रही हैं। स्थायी चकती ड्राइव सी.पी.यू. पेटिका के अंदर अवस्थित रहती है तथा इसका कोई भाग बाहर से दिखाई नहीं देता।

तुलना की दृष्टि से फ्लॉपी तथा स्थायी चकतियों के बारे में निम्नलिखित बिंदु महत्त्वपूर्ण हैं :-

1. स्थायी चकतियाँ फ्लॉपी चकतियों की तुलना में बहुत तीव्र गति से घूमती हैं। अतः इनका पठन व लेखन बहुत तीव्रता से होता है।

2. स्थायी चकतियों का सूचना संगृहण घनत्त्व फ्लॉपी चकतियों की तुलना में बहुत अधिक होता है। अतः आधुनिक स्थायी चकती ड्राइवों की क्षमता गीगाबाइटों तक पहुँच गई है। फ्लॉपी चकतियों की क्षमता 1.44 मैगाबाइट से अधिक व्यावहारिक नहीं हो पाई है।

3. स्थायी चकती ड्राइव की संगृहण क्षमता सीमित होती है जबकि फ्लॉपी चकती ड्राइव की क्षमता चकती बदल-बदल कर असीमित की जा सकती है, यद्यपि यह व्यावहारिक नहीं है।

4. स्थायी चकतियाँ पूरी तरह से सुरक्षित वातावरण में उपयोग की ज़ाती हैं जबकि फ्लॉपी चकतियाँ खुले वातावरण में उपयोग की जाती हैं। इससे स्थायी चकतियाँ फ्लॉपी चकतियों की तुलना में बहुत लम्बे समय तक सुचारू बनी रहती हैं।

5. फ्लॉपी चकतियों के माध्यम से दो कम्प्यूटरों के मध्य सूचनाओं का आदान प्रदान किया जा सकता है जबकि स्थायी चकतियों से यह कार्य नहीं लिया जा सकता।

डेटा बिट

चुम्बकीय चकतियों के तलों पर वृताकार पथों के बिन्दुओं पर बिटों को अंकित किया जाता है। इसके कई तरीके हैं। सरलतम तरीके में बिट-1 को अंकित करने के लिये बिन्दु को चुम्बकित कर दिया जाता है तथा बिट-0 अंकित करने के लिये बिन्दु को बिना चुम्बकन के ही रहने दिया जाता है। चकतियों पर इस प्रकार अंकित सूचना बिटें तब तक यथावत् बनी रहती हैं जब तक कि इन्हें परिवर्तित नहीं किया जाता। इन बिन्दुओं के चुम्बकन को ज्ञात करके चकती पर अंकित सूचनाओं को प्राप्त किया जा सकता है। चकती पथों पर सूचनाओं के अनुसार बिन्दुओं को चुम्बकित करने तथा अंकित सूचना को प्राप्त करने के लिये बिन्दुओं के चुम्बकन को ज्ञात करने के कार्यों को चकती संचाली में लगे पठन-लेखन शीर्षों द्वारा किये जाते हैं। उदाहरण के लिये चित्र में चकती के तीन पथों पर चुम्बकित बिन्दुओं को काले रंग से भरा हुआ तथा अचुम्बकित बिन्दुओं को रिक्त दर्शाया गया है। अतः इन पथों पर अंकित सूचनाएँ क्रमशः 10011011, 01111111 तथा 11101110 हैं। इन बाइनरी संकेतों के अर्थ उपयोग में लिये गये संकेत कूट से ज्ञात किये जा सकते हैं।

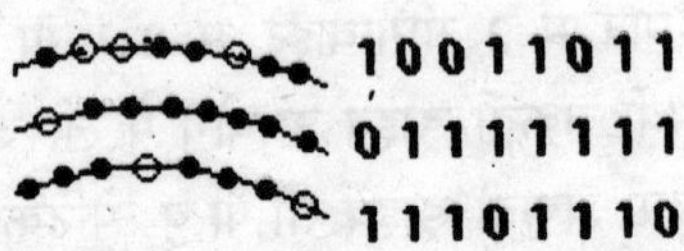

चकतियों पर सूचना अंकन का लाभ यह है कि चकती के किसी भी बिन्दु पर सूचना को अंकित किया जा सकता है अथवा वहाँ अंकित सूचना को ज्ञात किया जा सकता है क्योंकि पूरा चकती तल पठन-लेखन शीर्ष के लिये खुला होता है।

चकती ड्राइव नामकरण

प्रत्येक चकती ड्राइव का एक विशिष्ट नाम होता है। चकती नाम के आगे कोलन अथवा विसर्ग चिन्ह लगाना आवश्यक होता है। फ्लॉपी चकती ड्राइवों के नाम क्रमशः एः तथा बीः होते हैं। एक कम्प्यूटर तंत्र में अधिकतम दो फ्लॉपी ड्राइव हो सकती हैं। स्थाई चकती ड्राइवों अथवा उनके चकती भागों के नाम क्रमशः सीः, डीः, ईः आदि होते हैं। आधुनिक कम्प्यूटरों में अधिकतम चार स्थाई चकती ड्राइव हो सकती हैं तथा प्रत्येक की चकतियों को एक या अधिक भागों में विभाजित किया जा सकता है। इनमें से केवल एक को मास्टर ड्राइव के नाम से जाना जाता है। इसी को सीः नाम दिया जाता है तथा इसी पर परिचारण प्रणाली अंकित की जाती है।

अभ्यास :

गुरूजनों के लिये -

1. क्षात्रों को दोनों प्रकार की फ्लॉपी चकतियाँ दिखायें, तथा मुक्त भाव से स्वयं देखने दें।

2. दोनों प्रकार की एक-एक खराब फ्लॉपी चकतियाँ लेकर उनके अन्दर की प्लास्टिक फिल्मों को निकालकर क्षात्रों को दिखायें।

3. क्षात्रों को दोनों प्रकार की फ्लॉपी चकतियों को उनकी ड्राइवों में लगाने का अभ्यास करायें।

प्रश्नमाला :

1. एक 2.1 गीगाबाइट की स्थायी चकती ड्राइव पर अंकित डेटा की प्रतिलिपि करने के लिये 1.44 मैगाबाइट की कितनी फ्लॉपी चकतियों की आवश्यकता होगी।

2. एक कम्प्यूटर तन्त्र में चकती ड्राइवों की अधिकतम संख्या कितनी हो सकती है।

3. एक पृष्ठ में 400 शब्द होते हैं। प्रत्येक शब्द में चरितों का माध्य चार मानकर, तथा प्रत्येक चरित के लिये 8 बिटों के कूट का उपयोग करने से एक 1.2 मैगाबाइट की चकती पर कितने पृष्ठों का पाठ्य समा सकता है।

4. एक कम्प्यूटर तन्त्र में एक फ्लॉपी चकती संचाली तथा दो स्थायी चकती संचाली हैं। इनके नामकरण किस प्रकार होंगे।

6
कम्प्यूटर प्रर्वतन

कम्प्यूटर के प्रवर्तन के लिये इसके मुख्य स्विच को चालू करके विद्युत प्रदान की जाती है। कम्प्यूटर का मुख्य स्विच इसके संयमक पटल पर होता है।

संयमक पटल

कम्प्यूटर के मुख्य भाग **सी.पी.यू. पेटिका** में व्यवस्थित होते हैं। इसी पेटिका के आगे के पटल पर कम्प्यूटर का संयमक पटल होता है। इस पटल पर एक मुख्य स्विच, दो पुश बटन तथा एक चाबी से खुलने तथा बन्द होने वाला स्विच होता है। इसे नीचे के चित्र में दर्शाया गया है।

मुख्य स्विच से कम्प्यूंटर तंत्र की विद्युत प्रदाय बन्द अथवा चालू की जाती है। चाबी वाले स्विच को **कुंजीपटल ताला** अथवा **कीबोर्ड लॉक** कहते हैं। इसे बन्द कर देने से कम्प्यूटर का कुंजीपटल अप्रभावी हो जाता है। इससे कम्प्यूटर का चालू होना ही असंभव हो जाता है। कम्प्यूटर परिचारक जब यह चाहता है कि उसके अतिरिक्त अन्य कोई व्यक्ति कम्प्यूटर का उपयोग न करे तो वह चाबी से कीबोर्ड लॉक को बन्द करके ही कम्प्यूटर को छोड़ता है। इससे कम्प्यूटर चाबी के बिना चालू नहीं किया जा सकता।

रिसैटिंग

संयमक पटल पर दो पुश बटनों मे से एक रिसैट बटन होता है। इसे दबाकर छोड़ देने से कम्प्यूटर पुन: प्रारंभन की अवस्था में आकर प्रवर्तित होने लगता है।

जब कभी कम्प्यूटर किसी दोष के कारण कार्य करना बन्द कर देता है तो रिसैट बटन दबाकर उसे दुबारा से चालू कर दिया जाता है। इस क्रिया को रिसैटिंग कहते हैं। यही कार्य मुख्य स्विच को एक बार बन्द करके पुन: चालू करने से भी हो सकता है। किन्तु रिसैट बटन का उपयोग अधिक सुरक्षित होता है। कम्प्यूटर को रिसैट करने की एक तीसरी विधि भी है जिसे **वार्म रिसैट** कहते हैं। इस विधि में कुंजीपटल की तीन कुंजियाँ - कण्ट्रोल, एल्ट तथा डिलीट - को एक साथ दबाकर छोड़ दिया जाता है।

संयमन पटल पर अवस्थित दूसरे पुश बटन को **टर्बो स्विच** कहा जाता है। इसकी दो अवस्थाएँ होती हैं। ये दो अवस्थाएँ कम्प्यूटर की दो गतियाँ निर्धारित करती हैं। बहुधा संयमन पटल पर कम्प्यूटर की गति दर्शाने वाली संख्या भी प्रदर्शित की जाती है।

बूट डिस्क

आप अब कम्प्यूटर उपयोग में परिचारण प्रणाली का महत्व तो जान ही गये हैं। इसके महत्व के कारण कम्प्यूटर परिचारक को सदैव एक से अधिक चकतियों पर यह प्रणाली तैयार रखनी चाहिये। कम्प्यूटर में यदि कोई दोष आता है तो इसे बूट डिस्क से बूट करके दोष का अध्ययन व निवारण किया जा सकता है। ऐसी चकती जिसपर परिचारण प्रणाली की मुख्य संचिकाएँ हों तथा जो कम्प्यूटर के बूटिंग में सक्षम हो, को कम्प्यूटर की बूट अथवा बूटेबिल डिस्क अथवा प्रवर्तन चकती कहा जाता है।

बूटिंग

कम्प्यूटर को जब प्रवर्तित किया जाता है तो सबसे पहले कम्प्यूटर अपने विभिन्न भागों का परीक्षण करता है। किसी में दोष पाये जाने पर प्रवर्तन क्रिया ठहर जाती है तथा परिचारक को ध्वनि संकेत तथा परदे पर लिखित संदेश द्वारा दोष की सूचना दी जाती है। परिचारक द्वारा दोष का निवारण कर देने पर कम्प्यूटर को पुन: प्रवर्तित किया जाता है जो पुन: विभिन्न भागों का परीक्षण करता है।

इस **स्वपरीक्षण** के पश्चात् कम्प्यूटर की अन्तर्गतन तथा बहिर्गतन युक्तियाँ व्यवस्थित की जाती हैं तथा पूरे कम्प्यूटर का स्वरूप अथवा कनफिगरेशन परदे पर दर्शाया जाता हैं जैसा कि आगे के चित्र में दिखाया गया है। इस संक्रिया को **आधारभूत अन्तर्गतन या बहिर्गतन प्रणाली** अथवा **बेसिक इनपुट या आउटपुट सिस्टम - बाओस** कहा जाता है।

उपरोक्त दोनों संक्रियाओं की सफलता के पश्चात् कम्प्यूटर उस सॉफ्टवेयर को खोजता है जो कम्प्यूटर परिचारण के समय कम्प्यूटर का संमयन करता है। इसे **परिचारण प्रणाली** अथवा **ऑपरेटिंग सिस्टम**

Main Processor	: Am 5x86-P75	Base Memory Size	: 640 KB
Numeric Processor	: Built-In	Ext. Memory Size	: 15360 KB
Floppy Drive A:	: 1.2 MB, 5¼"	Display Type	: VGA/EGA
Floppy Drive B:	: 1.44 MB, 3½	Serial Port(s)	: 3F8, 2F8
AMIBIOS Date	: 10/10/94	Parallel Port(s)	: 378

Hard Disk	Cyl.	Hd.	Sec.	Size	LBA Mode	32 Bit Mode	Block Mode	PIO Mode
Primary Master : C:	4192	16	63	2063 MB	On	Off	Off	4

कहा जाता है। यहाँ तक की तीनों क्रियाएँ कम्प्यूटर हार्डवेयर के एक अवयव जिसे **बाओस रोम** कहा जाता है, में अंकित एक प्रोग्राम द्वारा संचालित की जाती हैं। इस पूरी संक्रिया को कम्प्यूटर की **बूटिंग** कहा जाता है।

कम्प्यूटर की परिचारण प्रणाली चकती एः अथवा सीः पर उपलब्ध होनी चाहिये। इसे पाने पर कम्प्यूटर का समस्त संयमन इस प्रणाली द्वारा होने लगता है। **एमएसडॉस** ऐसी ही एक सर्वाधिक लोकप्रिय परिचारण प्रणाली है जो वैयक्तिक कम्प्यूटरों में प्रयुक्त की जाती है।

इस प्रणाली द्वारा कम्प्यूटर की बागडोर संभाँलने पर परदे पर एक विशेष चिन्ह छप जाता है। जिसमें उस चकती का नाम जिस पर यह प्रणाली होती है, एक तीर का सिर, तथा बैक स्लैश होता है जैसे –

A>\ **or** C>\

इस विशेष चिन्ह को **डॉस प्रॉम्प्ट** कहते हैं तथा यह कम्प्यूटर का परिचारक के आदेश की उद्योतता का द्योतक है। एक विशेष अधिदेश से डॉस प्रॉम्प्ट चिन्ह के स्वरूप को बदला जा सकता है। कम्प्यूटर को कोई भी अधिदेश डॉस प्रॉम्प्ट के बाद ही दिया जा सकता है। इसीलिये परिचारण प्रणाली को कम्प्यूटर का प्राण कहा जाता है।

सिस्टम समय व दिनांक

कम्प्यूटर में एक बार समय व दिनांक अंकित करने से वह इसे अपनी रीड ओनली मैमोरी – रोम – में अंकित कर लेता है तथा इसी के अनुसार कम्प्यूटर की घड़ी कार्य करती रहती है। समय व दिनांक का ज्ञान अंकन तथा परिवर्तन TIME तथा DATE कमाण्डों से किया जा सकता है। कम्प्यूटर में प्रयुक्त घड़ी तथा रोम कम्प्यूटर के मदर बोर्ड पर लगी बैटरी से परिचालित होते हैं।

अभ्यास :

गुरूवरों के लिये –

प्रत्येक क्षात्र को एक बूट डिस्क तथा ऐसा कम्प्यूटर प्रदान किया जाये जिसकी सीः चकती अप्रभावी हो।

प्रत्येक क्षात्र कम्प्यूटर पर निम्नलिखित उपयोग करे तथा अपनी क्रियाओं तथा अवलाकनों को साथ साथ विस्तार से लिखता जाये :-

1. कम्प्यूटर में बूट डिस्क लगाये बिना ही इसकी विद्युत प्रदाय चालू करके इसके मुख्य स्विच को कर्त्य अर्थात ऑन करे।

2. कुंजीपटल पर दृष्टि रखने से इसकी तीनों ज्योतियाँ एक क्षण को जल कर बुझती दिखाई देंगी। यह कुंजीपटल का सफल परीक्षण है अर्थात कम्प्यूटर कुंजीपटल ठीक है।

3. इसके बाद मॉनीटर परदे पर दृष्टि रखे तथा इस पर अंकित संदेशों का ध्यान रखे। कुछ ही क्षणों में परदे पर कम्प्यूटर के स्वरूप की सूचनाएँ दिखाई देंगी एवं अंत में एक संदेश के बाद कम्प्यूटर स्थिर हो जायेगा।

4. कम्प्यूटर स्वरूप सूचनाएँ अपनी पुस्तिका में लिख लीजियें। ये मंहत्वपूर्ण सूचनाएँ हैं जिनकी कभी भी आवश्यकता हो सकती है।

5. कम्प्यूटर परदे पर सबसे नीचे लिखा संदेश कुछ इस प्रकार का होगा -

MISSING SYSTEM BOOT DISK

REPLACE DISK IN DRIVE A: AND PRESS ANY KEY WHEN READY

6. कुंजीपटल की कोई कुंजी दबाकर छोड़ दीजिये तथा प्रभाव देखिये।

7. अब बूट डिस्क को उसकी ड्राइव में लगाइये तथा कुंजीपटल की कोई कुंजी दबाकर छोड़ दीजिये तथा प्रभाव देखिये।

8. एक साथ तीन कुंजियाँ एल्ट, कण्ट्रोल तथा डिलीट दबाकर छोड़ दीजिये तथा प्रभाव देखिये।

9. कम्प्यूटर को चालू करके डॉस प्रॉम्प्ट पर सी.पी.यू. के सामने के पटल पर रिसैट बटन दबाकर छोड़ दीजिये तथा प्रभाव देखिये।

10. क्रिया 10 पुनः कीजिये तथा कम्प्यूटर बूटिंग के प्रारंभ में कुंजीपटल की कोई कुंजी कुछ देर दबाकर रखिये तथा प्रभाव देखिये।

7 कम्प्यूटर प्रोग्राम

कम्प्यूटर अपना काम छोटे-छोटे कदमों में करता है इसलिये इसको प्रत्येक कदम के लिये एक **विनिदेश** अथवा **इन्स्ट्रकशन** की आवश्यकता होती है। कम्प्यूटर परिचारक को विनिदेश देने में बहुत समय लगता है जबकि कम्प्यूटर एक विनिदेश के अनुपालन में बहुत कम समय - लगभग एक सैकण्ड का एक लाखवाँ अंश - लगता है। इस कारण से कम्प्यूटर को दिये जाने वाले अनेक विनिदेशों को एक शब्द द्वारा दिये जाने की व्यवस्था होती है। ऐसे शब्द को एक **अधिदेश** अथवा **कमाण्ड** कहा जाता है। इसी प्रकार किसी कार्य को कर सकने में समर्थ अधिदेशों के व्यवस्थित समूह को कम्प्यूटर का एक **प्रोग्राम** कहा जाता है। प्रोग्राम का उद्देश्य भी कम्प्यूटर को एक साथ अनेकानेक अधिदेश देकर समय की बचत करना होता है।

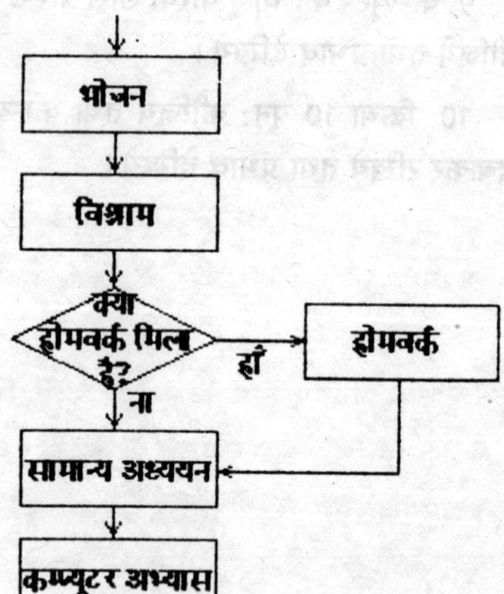

उदाहरण के लिये आपका विद्यालय से वापिस आने के बाद का कार्यक्रम चित्र में दिखाये अनुसार हो सकता है। इस प्रकार के चित्र को **फ्लोचार्ट** अथवा **प्रवाहतूलचित्र** कहा जाता है। यदि इसे पहले से नियोजित न किया जाये तो आपको प्रत्येक कदम के बाद अगले कदम के बारे में विचार करना होगा। इसमें समय तो नष्ट होगा ही, कोई आवश्यक कार्य छूट भी सकता है। कम्प्यूटर प्रोग्राम भी इसी प्रकार की कम्प्यूटर द्वारा किये जाने वाले कार्यों की क्रमबद्ध सूची होती है जो कम्प्यूटर की किसी भाषा में तैयार की जाती है।

कम्प्यूटर प्रोग्राम चार प्रकार के होते हैं -

1. सिस्टम अथवा तन्त्रीय प्रोग्राम,
2. एप्लीकेशन अथवा उपादयन प्रोग्राम,
3. यूज़र अथवा उपयोक्ता प्रोग्राम, तथा
4. भाषा प्रोग्राम

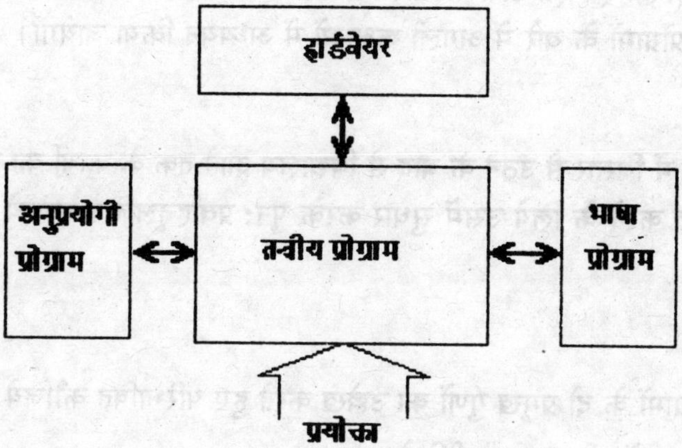

व्यावसायिक रूप से उपलब्ध उन प्रचलित प्रोग्रामों को उपादयन प्रोग्राम कहते हैं जिनके माध्यम से कम्प्यूटर उपयोक्ता कम्प्यूटर का अपने हित में उपयोग कर सकता हो। इस प्रकार का प्रत्येक प्रोग्राम किसी एक प्रमुख उद्देश्य, जैसे पाठ्य संस्कारण, लेखांकन, आदि, के लिये निर्मित होता है। ये प्रोग्राम उपयोक्ता को सुविधाएँ प्रदान करते हुए उसका कम्प्यूटर हार्डवेयर तथा इसकी परिचारण प्रणाली से संपर्क कराता है।

उन प्रोग्रामों को उपयोक्ता प्रोग्राम कहा जाता है जिन्हें उपयोक्ता अपनी विशिष्ट आवश्यकतानुसार स्वयं अथवा विशेषज्ञों की सहायता से तैयार करके उपयोग में लेता है। इस प्रकार के प्रोग्राम तैयार करने वाले व्यक्ति को प्रोग्रामर कहते है। इस प्रकार के प्रोग्राम तैयार करने के लिये कम्प्यूटर की विशेष भाषा प्रोग्रामों की आवश्यकता होती है।

भाषा प्रोग्राम प्रोग्रामर द्वारा तैयार किये गये प्रोग्राम को कम्प्यूटर के उपयुक्त बनाते हैं क्यों कि कम्प्यूटर मूलत: केवल बाइनरी भाषा समझते हैं जबकि प्रोग्रामिंग के लिये कई प्रकार की भाषाएँ उपलब्ध हैं।

इस प्रकार **सिस्टम** अथवा **तन्त्रीय प्रोग्राम** कम्प्यूटर हार्डवेयर को सक्रिय बनाते हैं, तथा अन्तर्गतन तथा बहिर्गतन युक्तियों का सी.पी.यू. से संपर्क कराते हैं। **उपादयन प्रोग्राम** कम्प्यूटर उपयोक्ता को उसके कार्य को करने के लिये सुविधा प्रदान करते हैं। **भाषा प्रोग्राम** कम्प्यूटरों के लिये नये नये प्रोग्राम बनाने के काम आते हैं। तन्त्रीय प्रोग्राम ही उपादयन एवं भाषा प्रोग्रामों तथा हार्डवेयर में मध्यस्थता का कार्य करते हैं। इन तन्त्रीय प्रोग्रामों को कम्प्यूटर की **परिचारण प्रणाली** भी कहा जाता है। विभिन्न प्रकार के प्रोग्रामों के आपसी संबंधों को पिछले पृष्ठ के चित्र में दर्शाया गया है। तन्त्रीय प्रोग्रामों के बिना कम्प्यूटर न तो प्रवर्तित अर्थात बूट हो सकता है और न ही कोई अन्य कार्य कर सकता है।

आई.बी.एम. संगतेय वैयक्तिक कम्प्यूटरों के लिये **एम एस डॉस** एक अति लोकप्रिय प्रथम तन्त्रीय प्रोग्राम है। इसके अतिरिक्त अन्य प्रमुख तन्त्रीय प्रोग्राम **विण्डोज़-एन टी**, **विण्डोज़-95**, **ओ एस-2**,

यूनीक्स आदि हैं। अभी अनेकानेक सुविधाओं के कारण विण्डोज़-95 तथा इसके नवीनतम संस्करणों का प्रचलन बढ़ता जा रहा है। एम एस डॉस परिचारण प्रणाली के बारे में अध्ययन अगले अध्याय में किया गया है। अन्य प्रकार के प्रोग्रामों के बारे में अगली कक्षाओं में अध्ययन किया जायेगा।

अभ्यास :

अपने प्रातःकाल में बिस्तर से उठने के बाद से विद्यालय आने तक के कार्यों का प्रवाहतूलचित्र बनाइये तथा समय की बचत करने के लिये उसमें सुधार करके पुनः प्रवाहतूलचित्र बनाइये।

प्रश्नमाला :

1. कम्प्यूटर प्रोग्रामों के दो प्रमुख गुणों का उल्लेख करते हुए परिभाषित कीजिये।
2. निम्नलिखित शब्दों की व्याख्या कीजिये -

   कमाण्ड, भाषा प्रोग्राम,
   परिचारण प्रणाली, उपादयन प्रोग्राम
3. पिछले पृष्ठ पर दिये गये चित्र की व्याख्या कीजिये।

8

परिचारण प्रणाली – एम. एस. डॉस

पिछले अध्ययन में आपने परिचारण प्रणाली की अनिवार्यता के बारे में जाना कि यह सॉफ्टवेयर कम्प्यूटर तंत्र के प्राण के समान होता है। वैयक्तिक कम्प्यूटरों के लिये सर्वाधिक प्रचलित परिचारण प्रणाली एम.एस. डॉस है। इसमें विभिन्न प्रकारों की लगभग 150 संचिकाएँ हैं।

डॉस संचिका प्रकार

डॉस संचिकाएँ पाँच प्रकार की होती हैं –

1. बूटिंग संचिकाएँ

इस वर्ग की तीन संचिकाएँ होती हैं –

	एम.एस.डॉस सिस	MSDOS.SYS
	आई.ओ. सिस	IO.SYS
तथा	कमाण्ड कॉम	COMMAND.COM

प्रथम दो संचिकाओं को **सिस्टम संचिकाएँ** तथा तीसरी को **कमाण्ड प्रौसेसर** कहते हैं। **बूट चकती** पर ये तीनों संचिकाएँ उपस्थित होती हैं किन्तु प्रथम दो छिपी रहती हैं। इनका कार्य कम्प्यूटर तन्त्र को बूट करने के अतिरिक्त पूरी परिचारण अवधि में सक्रिय रहकर कम्प्यूटर के विभिन्न अवयवों के मध्य समन्वय स्थापित रखना है।

2. सिस्टम संचिकाएँ

इस वर्ग की संचिकाओं के उपनाम SYS होते हैं तथा इनका उपयोग कम्प्यूटर तन्त्र ही कर सकता है। अत: इनके उपयोग की विशेष विधियाँ निर्धारित होती हैं।

3. अधिदेशिक अथवा कमाण्ड संचिकाएँ

परिचारक द्वारा डॉस सुविधाओं का उपयोग इन संचिका नामों को अधिदेश के रूप में उपयोग करने से होता है। इन संचिकाओं का उपनाम केवल निम्नांकित में से एक होता है –

.BAT **.COM** **.EXE**

4. अधिदेश सहयोगी संचिकाएँ

इन संचिकाओं का उपयोग केवल कमाण्ड संचिकाएँ ही कर सकती हैं। इनके नाम प्रोग्राम द्वारा निर्धारित होते हैं।

5. डेटा संचिकाएँ

ये संचिकाएँ कम्प्यूटर परिचारक द्वारा बनाई जाती हैं। इनके नाम पिछले पाठ में दिये गये नियमों के अनुसार रखे जाने चाहिये।

अधिदेश नियम व प्रावधान

1. प्रत्येक अधिदेश में प्रत्येक शब्द के बाद एक रिक्त स्थान छोड़ा जाता है। ऐसा न करने पर डॉस दो शब्दों को एक ही शब्द मानता है तथा उसका अर्थ नहीं समझ पाता।

2. डॉस अधिदेश में अँग्रेज़ी के छोटे, बड़े अथवा मिश्रित अक्षर उपयोग किये जा सकते हैं। डॉस सभी को बड़े वर्णों में परिवर्तित करके ही अधिदेश का उपयोग करता है।

3. कम्प्यूटर के लिये अधिदेशों तथा संचिका नामों की वर्तनी में किसी भी प्रकार की त्रुटि को असह्य मानता है तथा त्रुटिपूर्ण अधिदेश को स्वीकार नहीं करता।

4. डॉस अधिदेश में अधिदेश संचिका के उपनाम की आवश्यकता नहीं होती, केवल नाम ही पर्याप्त होता है।

5. डॉस अधिदेश में पहले अधिदेश संचिका का नाम तथ उसके बाद डेटा संचिका का नाम दिया जाता है। यदि अधिदेश दो डेटा संचिकाओं का उपयोग करता हो तो पहले स्रोत संचिका का नाम तथा उसके बाद लक्ष्य संचिका का नाम दिया जाता है।

6. डॉस अधिदेश डॉस प्रॉम्प्ट पर ही दिया जा सकता है।

आन्तरिक कमाण्ड

कमाण्ड कॉम फाइल में अनेक कमाण्डों का प्रावधान होता है। इन्हें एम.एस.डॉस की इन्टरनल कमाण्ड अथवा आन्तरिक अधिदेश कहा जाता है। कुछ प्रमुख आंतरिक अधिदेशों के विवरण इस प्रकार हैं –

अधिदेश	*उद्देश्य*	*उदाहरण*
PROMPT	डॉस प्रॉम्प्ट का स्वरूप बदलने हेतु	PROMPT $p $g
A:, B:, C:	सक्रिय चकती परिवर्तन हेतु	a:, B:, or c:
CD..	मूल निदेशिका की ओर एक कदम पूर्व की निदेशिका से संपर्क हेतु	CD..

CD\	मूल निदेशिका से संपर्क हेतु	CD\
MD	सक्रिय निदेशिका के अंतर्गत निदेशिका रचना हेतु	MD TOOFAN
DIR	सक्रिय निदेशिका के अंतर्गत संचिकाओं तथा उपनिदेशिकाओं की सूची हेतु	DIR
DATE	तन्त्र की वर्तमान दिनांक अथवा परिवर्तन हेतु	date 12/28/99
TIME	तन्त्र के वर्तमान समय अथवा परिवर्तनहेतु	Time 11:06:20.35A
COPY	स्रोत संचिका की लक्ष्य निदेशिका मे प्रतिलिपि हेतु	copy RAMESH.res seeta.res
TYPE	निर्देशित संचिका को मॉनीटर पर अंकन हेतु	Type timetabl.96
REN	निर्देशित संचिका के नाम में परिवर्तन हेतु	ren CLASS.SIX naughty.boy
DEL	निर्देशित संचिका को मिटाने हेतु	DEL A:\class.six

स्विच

डॉस के अनेक अधिदेशों में विभिन्न प्रकार के उपयोगों के लिये एक प्रावधान है जिसे स्विच कहा जाता है। मुख्य अधिदेश शब्द के बाद एक स्लैश लगाकर अधिदेश के लिये निर्धारित विभिन्न स्विच वर्णों मे से एक अक्षर अंकित कर दिया जाता है। इससे अधिदेश के कार्य में भिन्नता आ जाती है। इस प्रकार के स्विच आंतरिक तथा बाह्य दोनों प्रकार के अधिदेशों के लिये हैं।

एक्सटर्नल कमाण्ड अथवा बाह्य अधिदेश

डॉस के विभिन्न संस्करणों में नई नई सुविधा प्रदान करने वाले प्रोग्रामों की संचिकाएँ सम्मिलित की जाती रही हैं जिनकी कुल संख्या लगभग 100 तक पहुँच गई है। इनका विस्तृत विवरण डॉस के सहायता प्रोग्राम से प्राप्त किया जा सकता है।

अभ्यास :

गुरूवरों के लिये –

प्रत्येक क्षात्र को सी: चकती पर डॉस सहित कम्प्यूटर अभ्यास हेतु प्रदान करें।

क्षात्रों के लिये –

1. डॉस का सहायता प्रोग्राम चालू करके उससे क्प्त अधिदेश के उस स्विच के बारे में जानें जिससे चकती पर छिपी हुई संचिकाओं की सूची प्राप्त होती है। इसका उपयोग करते हुए सी: चकती की छिपी संचिकाओं की सूची बनाइये।

2. डॉस के सभी बाह्य अधिदेशों की सूची बनाइये। इसके लिये डॉस निदेशिका का उपयोग कीजिये।

3. अपने कम्प्यूटर की सी: चकती का वृक्ष डॉस के ट्री अधिदेश से प्राप्त कर उसका चित्र बनाइये।

4. एक नई फ्लॉपी लेकर उसे बूट डिस्क बनाइये।

प्रश्नमाला :

1. डॉस के आंतरिक अधिदेश क्या होते हैं?
2. डॉस का ट्री अधिदेश आंतरिक है अथवा बाह्य, कारण सहित स्पष्ट कीजिये।
3. उपरोक्त अभ्यास 4 में अपनायी गई विधि अपने शब्दों में लिखिये।

9

संचिकाएँ तथा निदेशिकाएँ

कम्प्यूटर में सूचनाओं तथा प्रोग्रामों को **संचिका** अथवा **फाइलों** के रूप में संग्रहित किया जाता है। प्रत्येक संचिका परस्पर संबंधित सूचनाओं का संगृह होती है। प्रत्येक संचिका को एक विशिष्ट नाम दिया जाता है जिससे सूचना को पुन: प्राप्त करने में सुविधा होती है। एक संचिका का आकार एक अक्षर से लेकर कई सौ पृष्ठों तक की हो सकता है।

जिस प्रकार प्रत्येक संचिका परस्पर सम्बन्धित सूचनाओं का समूह होती है उसी प्रकार परस्पर सम्बन्धित संचिकाओं के समूह को **निदेशिका** अथवा **डाइरेक्टरी** कहा जाता है। डाइरेक्टरी में संचिकाओं के साथ **सबडाइरेक्टरी** अथवा **उपनिदेशिकाएँ** भी हो सकती हैं। उपनिदेशिका भी निदेशिकाओं की तरह ही संचिकाओं एवं उपनिदेशिकाओं का समूह होती हैं।

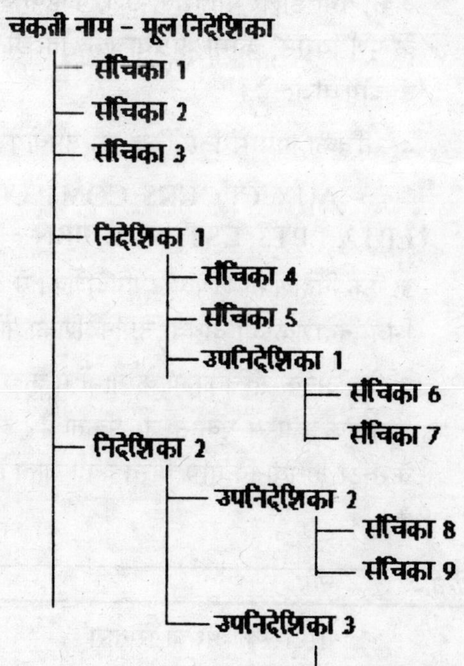

चकतियों पर संचिकाओं, उपनिदेशिकाओं तथा निदेशिकाओं का संगृह किया जाता है। प्रत्येक चकती के नाम को ही उस चकती को **मूल निदेशिका** कहा जाता है। इस प्रकार निदेशिकाओं, उपनिदेशिकाओं एवं संचिकाओ का संगठन चित्र में दिखाये जैसा हो सकता है। इस प्रकार की व्यवस्था को **ट्री** अथवा **वृक्ष** कहा जाता है।

संचिकाओं की तरह ही प्रत्येक निदेशिका तथा उपनिदेशिका को भी एक विशिष्ट नाम दिया जाता है। संचिका, उपनिदेशिका तथा निदेशिका नाम के दो भाग हो सकते हैं। दोनों भागों को एक बिन्दु से प्रथक किया जाता है। बिन्दु से पूर्व के भाग को **संचिकानाम** तथा बाद के भाग को

उपनाम अथवा **एक्सटेंशन** कहा जाता है। प्राय: संचिका नाम का उपयोग संचिका विशेष को दर्शाने के लिये तथा उपनाम का उपयोग संचिका वर्ग दर्शाने के लिये किया जाता है। इस प्रकार एक वर्ग का संचिकाओं के उपनाम एक जैसे हो जाते हैं जिससे संचिका नाम.उपनाम को देखने से ही संचिका के प्रकार के बारे में ज्ञान हो जाता है। बहुत से कम्प्यूटर प्रोग्राम अपने द्वारा निर्मित सभी संचिकाओं के उपनाम एक समान रखते हैं। इससे संचिका की पहचान सरल हो जाती है।

किसी भी संचिका, निदेशिका अथवा उपनिदेशिका के लिये एक्सटेंशन का होना अनिवार्य नहीं होता किन्तु नाम का होना अनिवार्य होता है। विभिन्न प्रोग्रामों के निदेशिका एवं संचिका नामकरण नियम भिन्न हो सकते हैं तथापि अधिकतर प्रोग्राम एम एस डॉस के नियमों को ही अपनाते हैं, जो इस प्रकार हैं :-

डॉस संचिका व निदेशिका नाम

1. नाम में अधिकतम 8 चरित तथा उपनाम में अधिकतम 3 चरित हो सकते हैं। नाम तथा उपनाम के मध्य में एक बिन्दु का उपयोग किया जाता है, यथा नाम.उपनाम

2. नाम तथा उपनाम के मध्य में कोई रिक्त स्थान नहीं होना चाहिये।

3. नाम तथा उपनाम में अँग्रेजी के ए से जैड तक छोटे अथवा बड़े अक्षर, शून्य से नौ तक के अंक, तथा डॉलर, प्रतिशत, डैश, कोष्ठक आदि चिन्ह उपयोग किये जा सकते हैं, किन्तु अँग्रेजी के पूर्ण विराम, कौमा, प्रश्नवाचक, तिरछी-रेख, कोलन, सेमीकोलन, बराबर, धन चिन्हों का उपयोग वर्जित है।

4. संचिका नाम में निम्रांकित का उपयोग भी वर्जित है -

AUX, CLOCK$, COM1, COM2, COM3, COM4, CON, LPT1, LPT2, LPT2, LPT3, LST, NUL, PRN

5. एक निदेशिका अथवा उपनिदेशिका में दो संचिकाओं के नाम एक जैसे नहीं हो सकते किन्तु भिन्न निदेशिकाओं अथवा उपनिदेशिकाओं में दो संचिकाओं के नाम एक समान हो सकते हैं।

7. जब अनेक संचिकाओं के नामों में कुछ एक जैसा हो तो इस प्रकार की सभी संचिकाओं को सामूहिक रूप से पुकारा जा सकता है। इसके लिये डॉस में विशेष प्रावधान है जिसे वाइल्ड कैरेक्टर अथवा किमपि चरित कहा जाता है। इस उपयोग में दो चरितों का उपयोग किया जाता है -

चरित	*नाम*	*प्रयोजन*
*	एस्टैरिस्क अथवा सितारा	कोई भी, कितने भी चरित
?	क्वश्चन मार्क अथवा प्रश्नचिन्ह	कोई भी एक चरित

उदाहरण के लिये मान लीजिये कि तीन संचिकाओं के नाम ये हैं –

ELECTION.WS4
QUESTION.PM6
PERSON.PM4

इनमें कुछ अक्षर प्रथम दो में एक समान हैं किन्तु तृतीय से भिन्न हैं, अन्तिम दो में भी उपनामों में कुछ साम्य है किन्तु प्रथम में भिन्न हैं, प्रथम तथा तृतीय के उपनामों में भी कुछ वर्णों का साम्य है जो द्वितीय में भिन्न हैं। साथ ही तीनों संचिका नामों में भी कुछ अक्षर एक समान हैं। इन समानताओं तथा भिन्नताओं के आधार पर हम इनमे से संचिकाओं को चुन सकते हैं।

मान लीजिये कि हमें केवल प्रथम संचिका को चुनना है तो इसे हम इसके पूरे नाम से चुन सकते हैं। इसके अतिरिक्त इसे चुनने के लिये हम किमपि चरितों के उपयोग से और भी अधिक सरलता से चुन सकते हैं। यदि हम संचिका नाम केवल

***.WS4**

कहें तो इसका अर्थ भी प्रथम संचिका ही होगा क्योंकि **.WS4** उपनाम केवल प्रथम संचिका का है। इस संचिका को हम **EL*.*** आदि अन्य नामों से भी चुन सकते हैं।

इसी प्रकार यदि हम केवल द्वितीय संचिका को चुनना चाहें तो हम इसे

.PM6** **Q*. आदि अनेक नामों से चुन सकते हैं।

इसी प्रकार तृतीय संचिका के ***.PM4** **P*.*** आदि अनेक नामों से चुन सकते हैं।

इन चुनावों का सिद्धान्त यह है कि संचिका नाम में जो कुछ ऐसा हो जो अन्यों में न हो तो इसे नाम में रखते हुए शेष के लिये किमपि चरितों का उपयोग किया जा सकता है।

अब यदि हम उपरोक्त संचिकाओं में से केवल प्रथम दो को चुनना चाहें तो हमें इनके नामों में ऐसे तत्त्व खोजने होंगे जो तृतीय संचिका नाम में न हों। इन दोनों नामों में **TION** अक्षर समूह है जो तीसरे नाम में नहीं है। अतः हम प्रथम दो के लिये एक नाम ***TION.*** का उपयोग कर सकते हैं।

इसी प्रकार अन्तिम दो के लिये ***.PM?** तथा प्रथम तथा तृतीय के लिये ***.??4** नामों का उपयोग कर सकते हैं।

यदि हम तीनों संचिकाओं के चुनाव के लिये एक नाम देना चाहें तो हम *** *** अथवा ***N.*** का उपयोग कर सकते हैं।

संचिका पथ

संचिकाएँ सुरक्षा के लिये चकतियों पर अंकित होती हैं। प्रत्येक संचिका को चकती पर खोजने के मार्ग को **पथ** अथवा **पाथ** कहते हैं। संचिका पथ चकती वृक्ष पर चकती के नाम से प्रारंभ होकर निदेशिका,

उपनिदेशिका, आदि से होता हुआ अंत में संचिका नाम पर समाप्त होता है। जैसे पिछले पृष्ठ पर दिये गये वृक्ष में संचिका 2, संचिका 7, तथा संचिका 10 के पथ क्रमशः इस प्रकार हैं –

चकती नाम \ संचिका 2

चकती नाम \ निदेशिका 1 \ उपनिदेशिका 1 \ संचिका 7

चकती नाम \ निदेशिका 2 \ उपनिदेशिका 1 \ संचिका 10

उपरोक्त पथों के लेखन में रिक्त स्थान पठन में सुविधा के लिये छोड़े गये हैं, इनका होना आवश्यक नहीं हैं। संचिका के पूरे पथ को संचिका का पता भी कहा जाता है क्योंकि इससे संचिका को पाया जा सकता है।

अभ्यास :

1. कम्प्यूटर संचिकाओं के लिये दस भिन्न नाम लिखिये।

2. अपनी कक्षा के प्रत्येक क्षात्र के लिये एक उपयुक्त कम्प्यूटर संचिका नाम प्रदान कीजिये। कक्षा के विभिन्न मित्र समूहों को निदेशिका मानकर उन्हें उपयुक्त नाम दीजिये। कक्षा को एक चकती मानकर एक नाम दीजिये। इस आधार पर पूरी कक्षा का वृक्ष चित्र बनाइये।

प्रश्नमाला :

1. निम्नलिखित को परिभाषित कीजिये –

फाइल,	डाइरेक्टरी,	ट्री,
पाथ,	एक्सटेंशन,	मूलनिदेशिका

2. एक ही निदेशिका के अंतर्गत दो संचिकाओं के नाम एक जैसे क्यों नहीं हो सकते?

3. संचिका उपनामों का उपयोग किसलिये किया जाता है?

4. निम्नलिखित तालिका में ए: चकती की पाँच निदेशिकाएँ हैं। प्रत्येक निदेशिका के अंतर्गत तीन संचिकाएँ हैं। इन्हें ध्यान से पढ़िये –

Directories	Files		
SUBJECTS.08	KYA.PW	KYON.WS	KAISA.PM
SUBJECTS.10	KYA.PW	KYON.WS	KAISA.PM
SUBJECTS.12	KYA.PW	KYON.WS	KAISA.PM
GIC	CLASSRMS.GIC	STUDENT.GIC	TEACHER.GIC
DAV	CLASSRMS.DAV	STUDENT.DAV	TEACHER.DAV

जहाँ 08, 10, 12 कक्षाएँ हैं, क्या, क्यों, कैसा विषयों के नाम हैं जिनके बारे में सूचनाएँ संचिकाओं में दी गई हैं। जी आई सी, तथा डी ए वी विद्यालयों के नाम हैं, जिनके कमरों, क्षात्रों तथा अध्यापकों के विवरण इन्ही नामों की संचिकाओं में दिये गये हैं।

उदाहरण : इनमें से यदि हम दोनों विद्यालयों के क्षात्रों तथा अध्यापकों से संबंधित संचिकाओं को मिटाना चाहें तो हम यह अधिदेश दे सकते हैं –

DEL ???\???????.*

अर्थात केवल उन संचिकाओं को मिटाना है जो तीन वर्णों की निदेशिकाओं के अन्तर्गत हैं तथा जिनके नामों में 7 अक्षर हों, चाहे उपनाम कुछ भी हों।

क. इस आधार पर चकती ए: के वृक्ष का चित्रण कीजिये।

ख. जी आई सी के कक्षा 08 के एक क्षात्र को अपने अध्यापकों, कमरों तथा विषयों के बारे में जानकारी प्राप्त करने के लिये कौन-कौन सी संचिकाओं को पढ़ना होगा?

ग. डी ए वी के कक्षा 10 के एक अध्यापक को जी आई सी में अपने समकक्ष अध्यापक के बारे में जानकारी प्राप्त करने के लिये किस संचिका को पढ़ना होगा?

घ. तीनों कक्षाओं के लिये विषय *क्या* का नाम बदलकर *कला* कर दिया गया है। इसी के अनुसार संबंधित संचिकाओं के नाम बदलने के लिये एक अधिदेश लिखिये।

10

डॉस विशेष अधिदेश

1. प्रॉम्प्ट

एम एस डॉस का यह अधिदेश डॉस प्रॉम्प्ट चिन्ह के स्वरूप को बदलने के काम आता है। डॉस का मूल प्रॉम्प्ट चिन्ह केवल चकती का नाम तथा इसके बाद एक महत्तर चिन्ह होता है। इसमें निदेशिका नाम नहीं होता। इससे परिचालक को यह ज्ञान नहीं होता कि वह किस निदेशिका के संपर्क में है। परिचारक को अपने कार्य के लिये विभिन्न समयों पर विभिन्न निदेशिकाओं से संपर्क आवश्यक होता है। अत: प्रॉम्प्ट चिन्ह में निदेशिका नाम का होना सुविधाजनक होता है।

प्रॉम्प्ट अधिदेश का सामान्य स्वरूप

PROMPT character-string

प्रॉम्प्ट चरितावलि

होता है जिसमें चरितावलि में वे चरित अथवा उन चरितों के कूट होते हैं जिन्हें इस चिन्ह में दर्शाना होता है। इस चरितावलि निर्माण के नियम इस प्रकार हैं –

1. यदि चरितावलि में कुछ भी न लिखा जाये तो डॉस प्रॉम्प्ट चिन्ह केवल चकती नाम तथा महत्तर चिन्ह दर्शायेगा।

2. चरितावलि में दो प्रकार के तत्त्व रखे जा सकते हैं – साधारण चरितावलि, तथा विशेष चरितावलि।

3. साधारण चरितावलि में कोई भी शब्द, संकेत आदि हो सकते हैं। इन्हें अधिदेश शब्द प्रॉम्प्ट के बाद लिखा जाता है। डॉस प्रॉम्प्ट चिन्ह में ये यथावत प्रकट होते हैं।

4. प्रत्येक विशेष चरितावलि में केवल दो चरित होते हैं जिनमें से प्रथम डॉलर चिन्ह (**$**) होता है तथा दूसरा निम्नांकित सूची में से कोई एक चरित, जिनकी परिभाषाएँ उनके सामने दी गई हैं –

चरित	परिभाषा	चरित	परिभाषा
_	अगली पंक्ति के प्रारंभ में जाने के लिये	l	लघुतर प्रतीक (<)
b	खड़ी रेखा (|)	n	चकती संचाली नाम
d	दिनांक	p	चकती संचाली नाम तथा पथ
t	समय	q	समान प्रतीक (=)
g	महत्तर प्रतीक (>)	v	डॉस संस्करण संख्या

5. प्रॉम्प्ट अधिदेश चरितावलि में दोनों प्रकार की चरितावलियाँ एक से अधिक हो सकती हैं।

6. इस अधिदेश से कम्प्यूटर को स्थायी गुण प्रदान करने के लिये इस अधिदेश को

AUTOEXEC.BAT

संचिका में सम्मिलित कर दिया जाता है। कम्प्यूटर इस संचिका का उपयोग प्रवर्तन में करता है।

उदाहरण :

1. डॉस प्राम्प्ट पर अधिदेश

PROMPT

देने से डॉस प्रॉम्प्ट चिन्ह का स्वरूप

A> B> C>

आदि हो जायेगा।

2. डॉस प्राम्प्ट पर अधिदेश

PROMPT $p

देने से डॉस प्रॉम्प्ट चिन्ह का स्वरूप

A:\ B:\ C:\

आदि हो जायेगा जिसमें निदेशिका, उपनिदेशिका आदि का नाम भी सम्मिलित होगा।

3. डॉस प्राम्प्ट पर अधिदेश

PROMPT pg

देने से डॉस प्रॉम्प्ट चिन्ह का स्वरूप

A:\> B:\> C:\>

आदि हो जायेगा जिसमें निदेशिका, उपनिदेशिका आदि का नाम भी सम्मिलित होगा।

4. डॉस प्राम्प्ट पर अधिदेश

PROMPT OM NAMOH SHIVAYA $_$p$g

देने से डॉस प्रॉम्प्ट चिन्ह का स्वरूप

OM NAMOH SHIVAYA

C:\>

आदि हो जायेगा जिसमें निदेशिका, उपनिदेशिका आदि का नाम भी सम्मिलित होगा।

2. सहायता

डॉस के उपयोगों के बारे में सहायता प्रदान करने वाला यह एक विशाल प्रोग्राम है। यह दो रूपों में उपयोग किया जा सकता है। सामान्य रूप में

हैल्प HELP

अधिदेश पर डॉस प्रोग्रामों की पूरी सूची उपस्थित हो जाती है। इसमें से किसी भी विषय को चुनकर उसके बारे में विस्तृत दिशा निर्देश तथा उदाहरण परदे पर प्राप्त किये जा सकते हैं अथवा मुद्रित किये जा सकते हैं।

दूसरे स्वरूप में किसी विषय विशेष पर सूचना प्राप्त करने हेतु

हैल्प विषय HELP TOPIC

आदेश दिया जाता है।

3. एम.एस.डी. MSD

यह माइक्रोसॉफ्ट डाइगनोस्टिक्स का संक्षेप है तथा डॉस के एक प्रोग्राम का नाम है। यह प्रोग्राम कम्प्यूटर तन्त्र के विभिन्न हार्डवेयर अवयवों के बारे में सूचना प्रदान करने का काम करता है। जब तुम्हें अपने कम्प्यूटर के बारे में जानकारी प्राप्त करनी हो तो इस प्रोग्राम का उपयोग कर सकते हो। यह बहुत सरल है। इसके लिये अधिदेश

MSD

अंकित कर प्रवेश करने से एम.एस.डी. प्रोग्राम का प्रथम अभ्याकृत उपस्थित होता है जिसका स्वरूप अगले पृष्ठ के चित्र में दर्शाया गया है। इसमें कम्प्यूटर के उन अवयवों के नाम हैं जिनके बारे में इस प्रोग्राम से सूचना प्राप्त की जा सकती है। इस सूची की प्रत्येक अस्ति अथवा आइटम के नाम में एक अक्षर को प्रमुखीकृत किया हुआ होता है। कुंजीपटल से इस अक्षर की कुंजी के उपयोग से सम्बन्धित अस्ति के बारे में विस्तृत जानकारी उपलब्ध हो जाती है। कम्प्यूटर पर विण्डोज़ प्रोग्राम को बन्द करके ही इसको सक्रिय करना चाहिये।

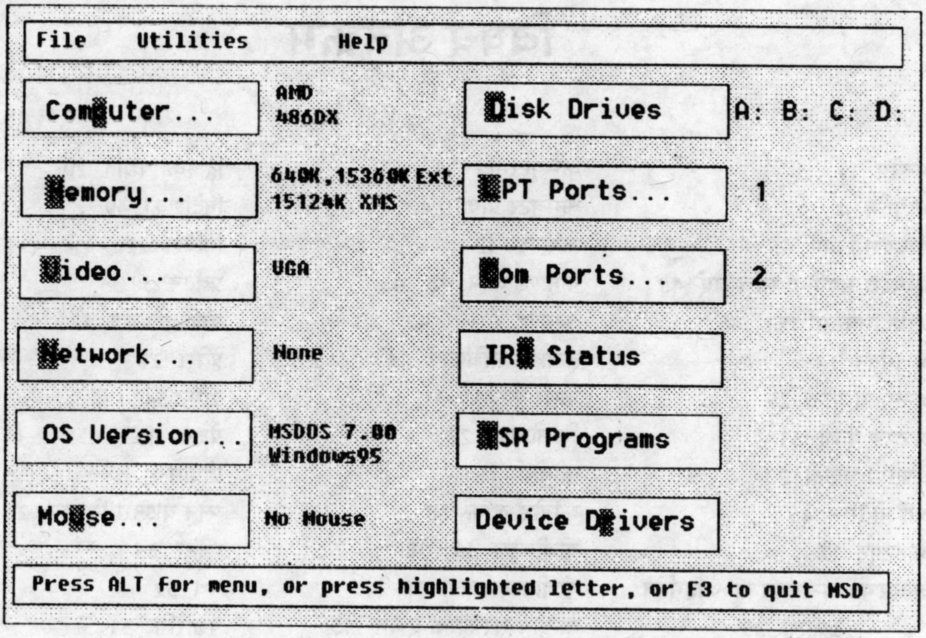

अभ्यास :

1. अपने कम्प्यूटर के उद्योत चिन्ह में अपना नाम तथा दिनांक, चकती नाम तथा पथ से ऊपर की पंक्ति में अंकित करने के लिये अधिदेश दीजिये।
2. डॉस सहायता प्रोग्राम से ट्री अधिदेश के बारे में सूचना प्राप्त कर उसे मुद्रित कीजिये।
3. प्रोग्राम एम एस डी से अपने कम्प्यूटर के बारे में पूरी जानकारी प्राप्त कर लिखिये।

विषय अनुक्रम